竞争与合作：产业组织结构的经济学分析

雷心恬 ◎ 编著

哈尔滨出版社
HARBIN PUBLISHING HOUSE

图书在版编目（CIP）数据

竞争与合作：产业组织结构的经济学分析／雷心恬
编著. -- 哈尔滨：哈尔滨出版社，2025.1
　　ISBN 978-7-5484-7803-4

　　Ⅰ. ①竞… Ⅱ. ①雷… Ⅲ. ①产业经济学-研究
Ⅳ. ①F062.9

　　中国国家版本馆 CIP 数据核字（2024）第 070443 号

书　　名：**竞争与合作：产业组织结构的经济学分析**
　　　　　JINGZHENG YU HEZUO：CHANYE ZUZHI JIEGOU DE JINGJIXUE FENXI

作　　者：雷心恬　编著
责任编辑：滕　达
出版发行：哈尔滨出版社（Harbin Publishing House）
社　　址：哈尔滨市香坊区泰山路 82-9 号　邮编：150090
经　　销：全国新华书店
印　　刷：北京虎彩文化传播有限公司
网　　址：www.hrbcbs.com
E - mail：hrbcbs@ yeah.net
编辑版权热线：（0451）87900271　87900272
销售热线：（0451）87900202　87900203
开　　本：787mm×1092mm　1/16　印张：11.25　字数：196 千字
版　　次：2025 年 1 月第 1 版
印　　次：2025 年 1 月第 1 次印刷
书　　号：ISBN 978-7-5484-7803-4
定　　价：58.00 元

凡购本社图书发现印装错误，请与本社印制部联系调换。
服务热线：（0451）87900279

前　　言

在现代经济体系中,产业组织结构对于理解市场运行、企业行为以及经济绩效至关重要。其中,"竞争"与"合作"两大主题尤为突出,它们相互交织,共同塑造着产业生态的面貌。随着全球化的推进和科技的飞速发展,企业之间的竞争日趋激烈。为了在市场中立足,企业不仅要与国内的同行竞争,还要面对国际巨头的挑战。这种竞争环境促使企业不断创新,提高效率,以获取竞争优势。然而,在竞争的同时,合作也成为企业发展的重要策略。面对共同的市场挑战,企业之间通过合作可以共享资源、降低成本、分散风险,甚至共同开发新技术和市场。特别是在产业链上下游之间,合作能够确保供应链的稳定,提高整体产业的竞争力。

本书共有九章,从经济学的角度对产业展开详细的分析,首先介绍了产业经济学,并分别从产业的组织、结构、竞争力、关联和发展等角度展开论述,然后围绕产业组织结构,分析了其与企业竞争力的关系,并列举了一些产业组织结构的新型合作关系,最后介绍了战略性新兴产业,并对我国战略性新兴产业的发展提出了实践建议。中国和世界产业经济的蓬勃发展以及全社会对产业经济学的广泛研究,为产业经济学的繁荣创造了绝好条件,定会进一步促进产业经济学的成熟完善,使产业经济学这枝花朵开得更鲜艳多彩。

目　　录

第一章　产业经济学概论

第一节　产业与产业经济学

一、产业经济学与产业

产业经济学的研究对象是"产业",主要是研究"产业"的资源优化与配置。

在研究产业经济学前,首先需要明确"产业"的概念。"产业"通常是指在生产过程中某些特征相似的企业。"特征相似"则是指企业在生产要素的投入上,某类产品可能需要相似的原材料、设备、劳动力等资源;在生产工艺上,可能采用相似的生产方法、管理模式等;在产出的使用上,不同企业的产出可以相互替代,即消费者在购买时会优先考虑具有相似特征的产品。

企业具有不同的特性,从不同的角度去看,可以归纳出企业不同的特征。产业的概念在不同历史发展时期和不同理论研究领域有不同的界定。从产业组织的角度来讲,"产业"是指"生产同类或有密切替代关系的产品或服务的企业集合";从产业结构的角度来讲,产业是指"具有使用相同原材料、相同工艺技术或生产产品用途相同的企业集合"。然而,产业经济学作为一种应用经济理论,其主要体现在现实可用性,通俗来讲就是产业经济学对"产业"的划分建立在对问题分析的需要上,这种划分是有选择的。

二、产业经济学的研究对象

在产业经济学中,其研究对象又可分为两方面,不同产业间的资源优化配置理论可称为产业结构理论,而同一产业间的资源优化配置理论可称为产业组织理论。

(一)产业组织

产业组织主要研究同一产业内的资源优化配置问题,通常是指同一产业内企业之间的组织或者市场关系。根据理查德·施马伦西和罗伯特·威利格在《产业组织经济学手册》中的解释,产业组织的研究对象涉及微观经济学中有关的市场行为、其与市场结构和市场演进过程的密切关系以及相关公共政策的广泛领域。由此可见,产业组织学是微观经济学的纵深发展,以帮助人们分析现实中的市场。简单地说,即以"市场与企业"为主要研究对象,从市场的角度来研究企业行为,或者从企业的角度来研究市场结构。其研究内容包括企业之间的竞争行为及其与市场结构和绩效的密切关系,特别强调针对产业中具有相互依赖或市场互动特点的企业市场行为的研究,包括价格竞争、产品定位、广告和研发等。

微观经济学更关注一些极端的情况,如完全垄断与完全竞争;而产业组织学则主要研究处于中间状态的情形,如寡头竞争、垄断竞争等不完全竞争性市场,通过对市场运行的研究得出对特定市场绩效、社会福利与竞争秩序的判断,为政府实施相应的公共政策以维持基本的市场秩序和经济效率提供实证依据和理论指导。

(二)产业结构

产业结构是指产业间的相互联系,而不同产业间的资源优化配置则是产业结构的主要研究问题。因此,产业结构理论在研究不同产业间资源配置情况时主要是从经济发展的角度入手。在研究某一特定区域产业间的关系、发展轨迹以及产业比例问题时,产业结构通常是站在经济发展的角度,使这一区域尽可能地得到有效发展,从而为政府部门制定促进产业可持续发展的政策提供理论依据。

产业结构在研究产业之间的关系时,通常站在比较宽泛的角度进行宏观研究。产业结构研究涉及方面甚广,包括产业结构规划、产业发展的规律以及产业结构调整等其他政策方面的研究。

第二节　产业组织理论的演进

一、产业组织理论的萌芽阶段

产业组织理论,作为经济学的一个重要分支,其起源于亚当·斯密的劳动分工理论和竞争理论。亚当·斯密在理论中提出了自由竞争的思想,这种思想的提出主要是对重商主义学说的批判。亚当·斯密认为自由竞争是一个非常重要的过程,可以实现市场均衡及利益和谐,因此他反对国家干预经济。

自从马歇尔夫妇合著的《产业经济学》出版以来,产业组织学的概念和研究方法逐渐清晰和完善。在这本书中,作者首次明确了产业组织学的研究对象和范围,将产业组织定义为产业内部的结构。之后,马歇尔又出版了另一本与经济学有关的书——《经济学原理》。在该书中,他围绕产业组织的相关问题进行了详细阐述,包括企业的形态、大规模生产、组织与分工、企业的规模经济等等,侧面揭示了规模经济与竞争活力二者之间的关系,这也就是著名的"马歇尔冲突"。斯拉法站在对完全竞争理论质疑的立场上,深入分析了完全竞争与规模经济二者之间的不相容性。

美国在 20 世纪 20 年代初期兴起了现代化大型制造业,同一时期兼并风潮盛行,这时的美国市场开始出现垄断,逐渐抛弃自由竞争。但当时的产业组织理论不完善,缺乏对不完全竞争市场的研究,导致人们出现畏惧垄断市场的心理。在此背景下,经济学家开始以垄断为核心,进行广泛且深入的研究,现代产业组织学中的某些概念与思想在这一时期被广泛讨论与研究,例如规模经济与规模不经济、价格歧视、垄断的程度和效应、寡占、现有和潜在的竞争、风险的不确定性等等。这些概念在之后的时间不断被深化。例如,1932 年,伯利和米恩斯深入分析了 20 世纪 20—30 年代的美国垄断产业和寡占垄断产业,为后来产业组织理论体系的形成提供了许多有重要参考价值的研究成果。

1933 年,哈佛大学教授张伯伦和剑桥大学教授罗宾逊夫人分别出版了《垄断竞争理论》和《不完全竞争经济学》,不约而同地提出了垄断竞争理论。他们所提出的一些概念与观点成为现代产业组织理论的来源与基础。这些早期关于产业组织的研究尽管涉猎了很多领域,但研究仍然是比较零散的,并没有形成一个较为完整的理论体系。

在产业组织理论的早期发展中,还有不少学者也对产业组织理论做出过重要贡献。例如,霍特林运用空间竞争理论将产品差异划分为空间中直线段上的不同点,从而使产品差异具有可检验意义。克拉克提出了有效竞争的概念,认为由于现实环境的复杂性,完全竞争在现实世界中也不可能且从来没有存在过,但在一个不完全竞争的市场上,随着不完全竞争因素的不断出现,会存在一个"补偿平衡"的机制,由此,克拉克强调"替代竞争"和"潜在竞争"的作用。克拉克的这一思想对于产业经济学分析现实问题和后期次优理论的建立具有重大的意义。

二、传统产业组织理论阶段

产业组织理论的第一次研究高潮开始于 20 世纪 30 年代末。1938 年,梅森在哈佛大学建立了第一个产业组织理论研究机构——梅森联谊会,并将以往对产业组织问题的研究从偏重垄断和反垄断扩大到对整个市场和厂商的分析上。更为重要的是,1939 年梅森出版的《大企业的生产价格政策》提出了产业组织的理论体系和研究方向,从而为产业组织理论体系的最终形成奠定了基础。

1959 年,梅森的弟子贝恩出版了第一部系统论述产业组织理论的教科书——《产业组织理论》,完整地提出了市场结构(Structure)—市场行为(Conduct)—市场绩效(Performance)理论分析范式(简称 SCP 范式),即强调市场结构决定企业的市场行为,而在一个给定的市场结构下,市场行为又是市场绩效的决定因素。SCP 范式标志着传统产业组织理论体系的最终形成,即所谓的哈佛学派,哈佛学派在其后的 20 年间成为产业组织学的主流学派。

然而,贝恩最终并没有将他所提出的 SCP 范式进一步扩展为一般化的理论框架,谢勒则很好地弥补了这一缺陷。他在 1970 年出版了《产业市场结构和市场绩效》一书,在贝恩的基础上对 SCP 范式进行了完整、系统的阐述,并指出了所谓的产业基本条件对市场结构和市场行为的影响,同时进一步揭示了市场行为对市场结构和产业基本条件的反馈效应。由此,SCP 范式走向了成熟。

哈佛学派认为市场结构、市场行为和市场绩效三者之间相互依赖、相互生存、相互发展、相互促进,简单来说就是存在一定的因果关系,市场绩效取决于市场行为,而市场行为取决于市场结构,每个环节都存在必然的联系,并相互制约,只有通过政府管制,才能够在一定程度上改善市场结构,从而能够更好地约束企业的市场行为,进而维护市场秩序,给市场营造良好的环境。哈佛学派的这种结构观点对于较为发达的西方国家,尤其是在经历过第二次世界大战的美国,政府规制政策的开展造成了极大的影响。

虽然哈佛学派的 SCP 范式曾风靡主流产业组织学界,但其本身是存在着一定缺陷的。在 20 世纪 60 年代,产业经济学界对 SCP 范式的批判,成为当时的最大热点。其中,呼声最高的则是芝加哥学派。在哈佛学派风靡全世界时,芝加哥大学的一群学者,继承了奈特理论和吸纳了社会达尔文主义,崇尚经济自由,认为市场经济中,本身就存在市场竞争,市场竞争的存在是合乎情理的,所谓的市场竞争即优胜劣汰的过程,这是一个必然的趋势,应当充分尊重市场规律,这也是市场力量起到的作用。他们着重于从实际产业出发,来进行深入分析,并始终坚持自己的观点,认为应当着重于价格理论的视角来进行研究,这一观点与哈佛学派的观点形成了鲜明的对比。

芝加哥学派之所以有如此学术成就,都是建立在对 SCP 范式的批判上,他们认为只要新企业不遭受现有企业成本上的不利,都可以自由进入经济市场,并不是哈佛学派所认为的集中度结构与市场绩效的因果关系,这很大程度上推翻了哈佛学派的原有观点。芝加哥学派觉得企业自身的效率决定着企业利润以及企业规模,如果企业的效率逐渐提高,那么企业的利润也会随之不断增长,规模也愈来愈大。正是这种理论分析,才使得哈佛学派的 SCP 范式不成立。如果通过实证方面来验证哈佛学派的这一观点,针对产业集中度盈利性数据的结果来看,同样也是如此,最后的结果分析也同样推翻了哈佛学派的假说观点。

斯蒂格勒与德姆塞茨是美国著名的经济学家,也是为芝加哥学派产业组织理论研究做出突出贡献的芝加哥学者,一直致力于产业组织理论研究。他们通过对政府产业规制进行分析,认为对人们日常生活中长期以来所使用的电力、煤气、城市供水等,政府实行规制是无可厚非的,但是很多产业中,政府规制却未达到预期的效果。他们通过实证研究发现,其根本原因在于规制者被规制者所牵制。他们的这一方面的研究成果不仅轰动了整个经济学产业界,还开创了一个新的研究领域,也就是现在成为独立学科的规制经济学,成了产业经济学的一个重要分支。

在芝加哥学派产业组织理论的基础上,1982 年,鲍莫尔、帕恩查和威利格等人合作出版了《可竞争市场与产业结构理论》一书,系统阐述了"可竞争市场理论"。该理论以完全可竞争市场和沉没成本等概念为中心来推导可持续的、有效率的产业组织的基本态势及其内生的形成过程,对贝恩的进入壁垒理论提出了强烈批评,认为问题不在于是否存在进入壁垒,而在于是否存在人为的进入壁垒。这种可竞争市场理论认为,在政策上,政府的竞争政策与其重视市场结构,还不如重视是否存在充分的潜在竞争压力。而确保潜在竞争压力存在的关键是要尽可能地降低沉没成本。为此,他们主张排除一切人为的、不必要的进入壁垒和退出壁垒。该可竞争市场理论对欧美发达国家在 20 世纪 80 年代的规制政策思路转变及调整产生了重大影响。

三、新产业组织理论阶段

一方面,传统的 SCP 范式主要依赖于大量的经验性分析,这与建立在某一假说基础上进行理论验证的"正统"经济学分析方法有着本质的不同,因此,传统的产业组织理论很难得到经济学界的普遍认可;另一方面,SCP 范式主要是通过数据的回归分析来解释不同市场结构对市场绩效的影响,但研究发现,回归分析只是对典型事实进行有用的排列,变量之间的联系只能解释为相关性或描述性统计,而不是 SCP 范式所指的因果关系,企业的策略性行为才是影响市场绩效甚至市场结构的最基本的要素。

由此,20 世纪 70 年代以博弈论为基本分析工具对企业的策略性行为进行分析的方法问世后,很快就在产业组织理论中得到广泛的应用,成为产业组织理论研究的新风尚。这样的一种分析方法也被称为新产业组织理论。新产业组织理论是建立各种特定的策略性行为模型,然后经博弈论的方法进行严密的证明。这样的分析方法较之传统的 SCP 范式更为严谨、更具理论说服力,也使产业组织理论的发展实现了向"正统"经济学分析方法的回归。

新产业组织理论对产业组织领域的策略性行为进行了广泛的研究,综合来看,目前这些研究主要集中在如下六个方面:①短期价格竞争;②长期价格竞争和默契合谋;③产品差异化;④进入壁垒和进入阻止;⑤信息不对称;⑥技术进步和市场结构的动态演变。

尽管新产业组织理论颠覆了传统产业组织理论在该学科中的主流地位,但由于产业组织学毕竟是一门经验性的应用学科,应用性的成败与优劣决定了新产业组织理论的存在价值。新产业组织理论在以下方面的缺陷决定了其迄今还不能完全取代传统产业组织理论的地位:首先,新产业组织理论完全依赖于博弈论作为其分析工具,而博弈论作为数学的一个分支,其自身的发展还需逐渐完善。例如,当"局中人"增加到一定数量时,博弈的过程将变得十分复杂,现有的博弈论知识对此显得无能为力。其次,目前的博弈论模型依赖于较强的假设条件,以至于各特定模型适用的范围极为有限,能完全适合模型的现实现象极其罕见。因此,运用博弈论模型所得到的结论难以获得足够的经验性分析的支持,这些模型的实用性受到了较大限制。最后,较好地建立或熟练地使用这些博弈模型,需要较为扎实地掌握博弈论的知识,而博弈论是一个较为专业的数学分支,熟练地掌握它需要具有扎实的数学基础。扎实、熟练地掌握博弈论知识的要求对于新产业组织理论的普及和广泛使用形成了极大的制约。

第三节 产业结构理论的演进

由于欧美地区的一些发达国家更加重视对产业组织理论的研究,因此,相对于产业组织理论,产业结构理论的体系更为"分散",有关产业结构理论零落地分散在诸如发展经济学等不同的学科之中。

自日本的产业经济学体系建立后,特别是 20 世纪 80 年代中期我国引入该体系以来,在我国,产业结构理论的体系逐渐清晰,主要包括以下几个部分:

一、产业分类理论

产业的分类是一个既古老又随着经济的发展而不断演变的问题。自因社会分工而出现产业以来,人们对产业分类的讨论就一直没有间断过。产业的分类并没有统一的标准,分类服从于经济管理及研究应用的需要。

较早的产业分类——生产结构分类法——是基于不同的产业在再生产活动中的作用而进行的。例如,当年马克思在分析剩余价值产生的秘密时,利用了两大部类(生产资料部门和消费资料部门)的分类方法;霍夫曼在研究工业化进程时,利用了资本资料和消费资料的分类方法。

依据人类经济活动不同阶段的主要产业而进行分类的三次产业分类方法,是新西兰经济学家费希尔在其 1935 年出版的《安全与进步的冲突》一书中首先提出来的产业划分方法,后经统计学家克拉克通过对一些样本国家数据的验证,被广泛地称为克拉克大分类法。目前,各主要经济国家以及一些国际组织所采用的产业分类方法,基本都是在此基础上进行的。

在经济理论研究中使用较多的另一种产业分类方法是生产要素分类法。生产要素分类法根据生产过程中对不同生产要素的依赖程度,将产业划分为劳动密集型产业、资本密集型产业和知识密集型产业三类。生产要素分类法能比较客观地反映一国的经济发展水平,有利于一国根据产业结构变化的趋势制定相应的产业发展政策。

二、产业结构的演进规律

在产业结构的研究中,产业结构的演进规律是其研究的一个重要方面。

早期(1672年),英国古典政治经济学家威廉·配第描述了有关产业之间资源流动的现象。配第认为,制造业比农业,进而商业比制造业能够得到更多的收入。到了20世纪40年代,克拉克继承了他人的研究成果,根据一些国家的历史统计资料对配第的上述观点进行了实证分析,指出了随着经济的发展和人均国民收入水平的提高,劳动力由第一次产业向第二次产业,继而又向第三次产业移动的趋势。经克拉克验证的这一劳动力在三次产业之间的转移现象被称为"配第–克拉克定理"。

美国经济学家西蒙·库兹涅茨在配第–克拉克定理的基础上进一步收集和整理了20多个国家的数据,对这些国家产业结构变化的趋势进行了更为深入的研究,提出了著名的"库兹涅茨法则":随着时间的推移,农业的国民收入比重与劳动力比重处于不断下降的趋势;制造业的国民收入相对比重大体上是上升的,然而劳动力的比重综合起来看是大体不变或略有上升;服务业的劳动力比重呈上升趋势,但国民收入的相对比重是大体不变或略有上升。

工业化是一般国家经济发展和产业结构演进过程中的一个极为重要的阶段。因此,对工业化演进过程及其演进规律的研究也就成为产业结构研究的一个重要方面。在此方面,霍夫曼定律所揭示的工业化演进过程被认为是具有开创性意义的。

自20世纪70年代以来,以美国为首的一些主要经济国家逐步完成了其工业化的进程,先后显示出其经济服务化的趋势。因此,人们对产业结构演进规律的研究也逐渐转向对经济服务化的研究。然而,从历史发展的长河来看,经济服务化毕竟只是其中的一小段,无论是从对其现象的解释,还是从对其发展规律的总结来看,其研究成果都不及对工业化阶段的研究那样成熟。

三、产业结构优化理论

产业结构的优化包括产业结构的高级化和合理化两个方面。产业结构的优化理论为产业结构政策的制定提供了理论上的依据。

在产业结构的高级化方面,产业结构优化理论主要研究了产业结构高级化的判别方法。在此方面,库兹涅茨、钱纳里和罗斯托等人进行了卓有成效的研究。库兹涅茨借助于多国的数据,建立了表明不同经济发展阶段的"标准结构";钱纳里等借助于多国模型按照不同的人均收入水平,将一国(或地区)经济发展的过程划分为不同的时期;而罗斯托则根据一个国家的经济发展过程,将一国的产业结构高级化程度分为六个不同的阶段。此外,在产业结构高级化的研究方面,还有一些学者着重研究了高级化的演进过程等问题。

在产业结构的合理化方面,产业结构优化理论主要研究了产业结构合理化的判别标准。近年来,随着环境和资源等问题越发受到重视,关于产业结构与环境、资源的关系这一领域也逐渐成为产业结构优化理论研究的一个重点。

四、产业之间关系的分析

在产业之间关系的研究方面,赫希曼从产业链的角度分析了一个产业的前向、后向关联影响的问题。罗斯托则从主导产业的作用机制视角剖析了一个产业对其前向、后向关联以及旁侧产业是如何产生影响的。

在产业之间关系的分析方面影响更大的是里昂惕夫。里昂惕夫是投入产出分析法的创始人。该方法的基本思路是:在进行任何一种物质生产活动之前,都必须有必要的投入,把这些投入组织起来进行生产活动会产生一定的产出。投入是生产性消费,产出是产品的生产及其分配、使用。国民经济各部门在投入与产出、生产与分配上,存在着极其密切的生产技术性联系和经济联系。里昂惕夫用一张表格把所有部门之间的投入与产出关系都概括进去,这张表格就被称为投入产出表。里昂惕夫利用所编制的投入产出表,用数学方法研究各部门产品生产与分配的关系。这种方法在世界各国迅速传播并被广泛运用,被联合国规定为国民经济核算体系中的一个重要组成部分。里昂惕夫建立的投入产出模型已成为研究产业关联最基本和最普遍的分析工具。里昂惕夫也凭此荣获诺贝尔经济学奖。

五、产业结构政策

研究产业结构理论是为制定产业结构政策服务的。对产业结构政策的研究,可从不同的视角进行分析。例如,一些分析是从产业生命周期的角度,根据处于不同生命周期的产业有着不同的发展规律和要求,分别研究了幼小产业的扶持政策、新兴产业的振兴政策、支柱产业的支持政策以及衰退产业的退出政策等相应的产业结构政策。

第四节 产业经济学的研究方法

产业经济学着重于研究探讨经济发展中，产业间的关系结构与产业组织。为了满足产业经济学各部分研究的需要，学者们采用了多种方法，随着科技的发展，涌现出许多新的研究工具，这使得产业经济学越来越有实质性的效果，研究分析方法也逐渐多样化。

一、实证和规范的研究方法

经济学的研究方法主要集合了两种常用的方法，一种是规范分析方法，另一种则是实证分析方法。规范分析是指针对经济现象做出一种价值判断，是依据经济现象做出直接判断的行为。而不同于规范分析，实证分析则是更有根据性的一种分析方法，主要针对社会所面临的经济问题，做出一个实质性的判断，以事实为根据来描述经济现象。不难发现，这两者之间存在着明显的差别。规范分析的一切判断与分析都是以价值判断为基础，而实证分析则是避开价值观问题，进行判断与分析。但同时也不可否认的是，这两者之间也是紧密相关、相互联系的。虽然经济学研究中，最主要的是实证分析，但是规范分析也同样重要，两者互为补充，规范分析是实证分析的基础，实证分析需要规范分析作为依据。产业经济学的研究涉及很多方面，就研究而言，其研究方法应当以事实根据作为基础，应着重于实证研究法。

二、理论和经验的分析方法

理论分析方法是指在特定的框架内对事物进行理论上的演绎、推理和归纳；而经验分析方法则是运用数据或实际资料来检验某个理论或估计某种关系的方法。大多数经验性研究属于实证研究的范畴，但仍然有部分经验性研究方法因为涉及价值判断而实质上属于规范研究的范畴。在产业经济学研究中，既存在理论的分析方法，也存在经验的分析方法。

三、案例分析方法

案例分析方法又称个案研究法，是产业经济学的主要研究方法之一。它用实际发生的案例,定性与定量相结合地分析说明某一经济规律,特别适用于无法精确定量分析的复杂经济事例。案例分析方法在具体应用中往往是从具体上升到抽象,即通过对具体案例的分析研究来探寻带有普遍指导意义的内在规律,从中导出一般的原理、理论,具有生动形象的特点。运用案例分析方法时,通常包括三个阶段,即确定案例、讨论案例和评价案例。

20世纪50年代,哈佛学派率先将案例分析方法引入产业经济学中,而后来的芝加哥学派也很推崇这种方法,由此产生了许多重大的学术成果。产业经济学之所以乐于采用案例分析方法,是因为丰富的案例研究可能更容易再现产业的因素和行为。

四、博弈论的分析方法

博弈论又称"对策论""赛局理论",是应用数学的一个分支。博弈论思想古已有之,我国古代的《孙子兵法》不仅是一部军事著作,而且具有最早的博弈论思想。博弈论最初主要研究象棋、桥牌、赌博中的胜负问题,人们对博弈局势的把握只停留在经验上,并没有向理论化发展。1928年,冯·诺伊曼证明了博弈论的基本原理,从而宣告了博弈论的正式诞生。1944年,冯·诺伊曼和摩根斯坦又将二人博弈推广到n人博弈结构,并将博弈论系统地应用于经济领域。

目前,博弈论已经成为经济学(特别是产业组织理论)的标准分析工具之一。近年来,产业组织领域所取得的重大进展主要得益于博弈论在该领域的应用。产业组织借助于博弈论的研究方法,已成为一门相当理论化的学科。20世纪70年代以后,产业组织理论"已经不再像过去那样主要依赖于经验主义,而是更依赖反映基本规律的理论模型",从重视市场结构研究转向重视企业行为研究,而博弈论尤其是非合作博弈理论则恰恰是处理不完备市场信息和企业策略性行为问题的理想方法。正是博弈论方法的应用,使产业组织理论成为20世纪70年代中期以来经济学中最激动人心并且最富生机的领域之一。

五、计量经济学的分析方法

计量经济学是以统计学与数学作为基础,在经济理论的支持下,运用经济计量模型,以统计数据作为根据,用来分析和研究经济变量之间关系的方法。

计量经济学是产业经济学当中广泛研究使用的工具之一，对于市场行为、市场绩效、市场结构这三者的关系，通过统计数据进行分析与衡量，以研究产业之间的发展演化过程，以分析产业之间的关系及产业的发展规律。

在计量经济学的分析方法中，最常见的包括时间序列数据分析和横截面数据分析。时间序列数据是指通过按时间顺序排列的一组数字，运用数理统计方法进行一定的处理，通过这种统计方法来推测未来事物发展的趋势。这种方法推崇两个基本原理，一个是事物发展具有延续性，通过应用数据就能预测事物的发展方向；二是事物发展具有随机性。时间序列数据分析方法通常首先需要建立相应的数学模型。通常时间序列数据分析建模分为以下这三个步骤：第一，首先需要获取时间序列动态数据，这个数据获取的方法主要是观测、调查、统计、抽样等；第二，获取动态数据以后，需要制作成相关的图式，便于详细分析；第三，从中选出合适的随机模型，然后进行曲线合并，再将时间序列的观测数据与通用的随机模型进行合并。

横截面数据是在同一段时间内，收集到各种数据，区别于时间序列数据，横截面数据是不以时间顺序进行排列的，而是以统计单位进行排列的，从这不难发现，两者间的排列标准有所不同。由此可见，横截面数据在统计过程中，必须要求是同一时间的。横截面数据分析方法也是计量经济学分析方法中常用的一种方法，该方法通常用于时间跨度较短的场合，在取得数据后，同样需要通过建立相应的模型进行有关的研究。

第二章　产业组织

第一节　产业组织理论

一、产业组织的定义

经济学中的组织概念是由英国著名经济学家马歇尔首先提出来的。马歇尔在 1890 年出版的《经济学原理》一书中提出,把组织定义为一种新的生产要素,是一种能够强化知识作用的要素。

所谓产业组织是指同一产业内企业间的组织机构或者市场关系。这种企业之间的市场关系主要包括交易关系、行为关系、资源占用关系和利益关系。

需要说明的是,产业组织考察的是同一产业内的企业,即处于同一商品市场的企业之间的市场关系。产业组织中的组织也不是通常所说的生产组织、企业组织,而是专指产业"组成部分之间的关系"。

二、产业组织理论的建立、形成与发展

现代产业组织理论是在产业组织理论的思想渊源的基础上产生和发展起来的。

(一)产业组织理论体系的建立

20 世纪 30 年代发生的全球经济危机,使得马歇尔所倡导的传统经济学与现实之间的冲突越来越明显,并成为新经济学出现的依据。特别是 1933 年美国经济学者张伯伦在《垄断竞争理论》一书中所提出来的某些理论,成为近代工业组织理论的一个重要源泉,并被誉为近代工业组织理论的开创者。

美国经济学者张伯伦通过发表《垄断竞争理论》一书,提出了一套比较完整的产业组织理论。张伯伦对现代工业组织理论做出了重要贡献。

(1)张伯伦在进行竞争分析的基础上,对纯粹竞争进行了否定,并对其进

行了界定。张伯伦认为,"完全竞争"与"纯垄断"仅仅是市场的两个极端形式,而现实经济是"中间地带",真实的市场上同时存在着竞争与垄断两个方面的要素,而这两个要素的共存与交错,就构成了"垄断(性)竞争"的模式。究其根源,是因为各企业都有不同的产品,因此是个垄断者,但产品又有某种替代性,因此对于企业其他生产类似产品的企业,也是个竞争者。由此,一个具有垄断性和竞争性的市场形成了。

(2)张伯伦对具有垄断性的市场结构做了详细的分类与分析。张伯伦将市场结构分为两个极端,即完全竞争与纯垄断,以及介于二者之间的广大"中间地带",并对市场结构与价格、利润、广告、效率等方面的关系做了详细的分析。

(3)张伯伦对制造类似商品的企业集团及其关联企业之间的关系进行了探讨。因为不同的供应厂商所生产的相同产品之间存在着一定的替代性,所以就会产生一个能够将相同产品生产企业之间的价格和产量进行协调的企业集团,从而形成了集团内企业与非集团企业之间的相互交叉的竞争关系。一般情况下,因为集团内部的企业能够维持一个统一的定价,并且利用集团的力量,在一定程度上形成了一个垄断的市场,这就使得外部的企业在竞争中处于劣势。同时,它们也可以通过制定灵活的定价策略来与大公司进行竞争。

(4)张伯伦对"产品差别"的含义进行了界定,并对其在市场上的竞争力进行了分析。产品差异包括三个方面的内容:第一个方面是产品自身的不同,如质量和包装;第二个方面是产品的销售状况、服务态度上的差异;第三个方面是消费者想象力上的差异,比如品牌、广告等。张伯伦在此基础上,对"垄断"和"竞争"之间的关系进行了深入的分析,指出产品差异不仅是一种垄断因素,同时也是一种竞争力,当销量与产品差异联系在一起时,非价格对产品差异的影响要大于传统价格战。

(5)张伯伦探究了公司的进入和退出问题。任何一个行业的发展都离不开企业的进入与退出。在一个特定的行业中,一个公司是否能够很好地进入这个行业是一个很重要的问题。随着公司的进入与退出,公司之间也会存在着某种程度的平衡。

(二)产业组织理论的形成

比较完整的产业组织理论体系是 20 世纪 30 年代以后在美国以哈佛大学

为中心逐步形成的。1938 年,梅森在哈佛大学建立了一个产业组织研究小组。1939 年,梅森在张伯伦理论的基础上,出版了《大企业的生产价格政策》一书,提出了产业组织的理论体系和研究方向。

1959 年,梅森的学生、美国经济学家贝恩在其出版的《产业组织》一书中,系统地提出了产业组织理论的基本框架,标志着现代产业组织理论基本形成,第一次完整而系统地论述了产业组织的理论体系;明确地阐述了产业组织研究的目的和方法;提出了现代产业组织理论的三个基本范畴:市场结构、市场行为、市场绩效,并把这三个范畴(SCP)和国家在这个问题上的公共政策(即产业组织政策)联系起来,规范了产业组织理论的理论体系。

以梅森和贝恩为代表的哈佛学派创立的 SCP 范式标志着产业组织理论的形成。由于该学派以哈佛大学的经济学教授为主,故又被称为哈佛学派。它与有效竞争理论一脉相承,其研究重点是市场结构,而且,哈佛学派的理论主张被美国的竞争政策采纳,对美国的反垄断发挥着极大的影响。

哈佛学派在某种程度上可以说是产业经济学的主流学派。哈佛大学的梅森教授和其弟子贝恩是哈佛学派的代表人物。哈佛学派的产业组织理论,以新古典学派的价格理论为基础,以实证研究为主要手段,按结构、行为、绩效三个方面即所谓的"三分法"对产业组织进行分析,构造了一个既能深入具体环节又有系统逻辑体系的"市场结构—市场行为—市场绩效"的分析框架(简称SCP 分析框架);并通过对市场关系的各方面进行实际测量,从市场结构、市场行为和市场绩效三个方面提出政府的公共政策(产业组织政策),从而规范了产业组织理论的体系。

(三)产业组织理论的发展

产业组织理论的发展的主要标志是芝加哥学派、可竞争市场理论、新产业组织理论和新奥地利学派的产生。

1. 芝加哥学派

产业组织理论的芝加哥学派是 20 世纪 60 年代后期在对哈佛学派的批评中崛起的,其主要代表人物是美国的经济学家斯蒂格勒和美国的经济学家德姆塞茨等。芝加哥学派在许多方面推进和拓展了哈佛学派创立的产业组织理论。

1968 年,斯蒂格勒的名著《产业组织》一书问世,标志着芝加哥学派在理论上的成熟。斯蒂格勒在垄断、寡头垄断与兼并、市场容量与劳动分工、规模经济、信息理论、政府规制等诸多方面做出了开创性的贡献,1982 年荣获诺贝尔经济学奖。

芝加哥学派在产业组织理论上有两大特点:一是皈依新古典经济理论,坚信瓦尔拉斯均衡及标准的自由竞争理论仍然有效,并以传统的价格理论为尺度,分析和评判正统产业组织理论提出的种种与新古典经济理论不符的假定和结论。二是认为政府无须干预市场机制的运作,因为现实经济生活中出现的垄断不过是竞争均衡实现之前的一种暂时现象,就长期而言,对厂商的行为影响甚微。

瓦尔拉斯均衡是法国经济学家瓦尔拉斯提出的。瓦尔拉斯一般均衡是指整个市场上过度需求与过剩供给的总额必定相等的情况。

以斯蒂格勒为代表的芝加哥学派认为,即使市场中存在某些垄断势力或不完全竞争,只要不存在政府的进入规制,长期的竞争均衡状态在现实中也是能够实现的。高集中形成的市场势力导致垄断弊端的发生,只能是短期的现象或者说是一时的不均衡。只要没有政府的进入规制,这种高集中度产生的高利润率会因为新企业的大量进入而难以长期为继。因此,如果一个产业持续出现高利润率,这完全可能是该产业中的企业高效率和创新的结果,而不是哈佛学派所指出的是因为产业中存在垄断势力。芝加哥学派甚至认为,即使市场是垄断的或高集中寡占,只要市场绩效是良好的,政府规制就没有必要。

以斯蒂格勒为代表的芝加哥学派产业组织理论的基础,是彻底的经济自由主义思想。他们坚信唯有自由企业制度和自由的市场竞争秩序,才是提高产业活动的效率性、保证消费者利益最大化的基本条件。他们对政府在众多领域的市场干预政策的必要性持怀疑态度,认为应尽可能减少政府对产业活动的介入,以扩大企业和私人自由的经济活动范围。他们断言现实经济生活中并不存在哈佛学派看来那样严重的垄断问题,生产日益集中在大企业手中有利于提高规模经济效益和生产效率,大公司的高利润完全可能是经营活动高效率的结果而与市场垄断势力无关。

2. 可竞争市场理论

可竞争市场理论是美国经济学家鲍莫尔等人在芝加哥学派产业组织理论的基础上提出来的。1982 年,鲍莫尔、帕恩查和威利格合著的《可竞争市场与产业结构理论》一书的出版,标志着该理论的形成。

鲍莫尔美国经济学家,普林斯顿大学荣誉退休高级研究员和经济学教授,纽约大学经济学教授。他的个人著作包括《微观经济学》《超公平主义》《企业家精神》等,他和别人合编的主要著作有《可竞争市场与产业结构理论》《生产力和美国的领先地位》等。

可竞争市场理论的中心是完全可竞争市场和沉没成本,它能够将可持续的有效率的产业组织的基本态势及其内生的形成过程推导出来。完全竞争市场就是在这个市场中,市场中的企业在离开这个市场时,不需要承担任何不能回收的沉没资本的责任,因此,在这个市场中,企业可以完全自由地进出。没有足够的力量阻止其迅速进入,这是一个充分竞争的市场的一个重要特征。新的企业随时进入市场,在竞争压力的作用下,即使只有一家企业,但这个垄断企业获得的资本回报率也不会高于完全竞争市场很多企业的资本回报率。因为,如果一个垄断公司能够获得比一般资本收入更高的利润,那么它就会立刻吸引其他竞争对手进入。

沉没资产是指一家公司在进入一个市场后,在离开这个市场时无法回收的资产。比如,在退出市场时,公司里的生产设施和厂房建筑物,虽然可以出让或改变用途,但因为价格低投入的成本无法完全回收。民航客机就是其中的一例。若进出没有人为规定,原本往来于两个城市间的航空器,可轻易地从该路线(市场)撤出,转至从两个城市中任一座城市出发的新路线,且原路线不会产生沉没费用。随着沉没成本的提高,现有公司所承受的压力也会随之降低。从这一角度来看,鲍莫尔等人提出的可竞争市场与规模经济、产品差异性、价格差异性等传统行业组织理论存在较大差异。

在一个完全竞争的市场上,由于没有沉没成本,新的竞争者将会以最快的速度进入任何盈利能力较强的行业,并且可以在现有公司对其进行回应之前,顺利地退出。但即便只有一小部分的利润,也能把潜在的投资者吸引过来。而如果现有公司采取了报复性的措施,降低了产品的价格,使得产品不能盈利,那么它们就会从市场上拿走它们已经得到的利润。这样的进出过程会反复进行很多次,直至垄断带来的额外利益被排除。所以,在一个垄断或寡占型的市场中,没有一家公司能够保持一个能够产生垄断的额外利润的价格,也没有一家公司能够以一种低效的方式进行生产。

根据可竞争市场的理论,在几乎完全竞争的市场环境下,自由贸易政策的效果要好于一般的政府管制。对此,他们提出了一种既要积极探索新技术、新工艺以降低沉没成本，又要消除各种人为的进入、退出障碍的观点。虽然现实中满足可竞争市场理论假设条件的行业寥寥无几，其应用范围也有较大限制，但不可否认的是，它曾对发达国家政府监管思路的转变带来了巨大的影响。

3. 新产业组织理论

产业组织新一次的高潮的发展和出现在 20 世纪 70 年代开始，突出理论研究为特征的"新产业组织理论"在这时候形成了。新产业组织理论的特点可概括为三个方面。

第一，产业组织理论在吸收和融合了新制度经济学的成果后形成了新产业组织理论，影响市场结构和市场行为的是企业的内部活动，所以产业组织理论中一个不可或缺的部分是考察企业的内部活动。

第二，重点关注"理论化"与"经验性"的平衡是新产业组织理论在研究方法上的不同。案例研究、实验经济学和计量统计学分析这三个方面是最新的经验性研究，其中最受关注的是案例研究。

第三，实现理论范式创新的方法是将新产业组织理论在博弈论方法上进行运用。新产业组织理论将对市场行为的研究放在首位，尤其是企业策略性行为对市场构架的影响，由原来的"结构主义"向"行为主义"进行转变。

从 20 世纪 90 年代开始，影响了美国等发达国家的反垄断政策的原因是新产业组织理论的出现，反垄断的重心由反垄断结构慢慢向反垄断行为发生改变，垄断当局开始认真对待大企业的策略性行为，在此之后，美国的反垄断政策也从之前的宽裕松弛平缓转向逐渐加大干预力度。

4. 新奥地利学派

在经济思想的基础上形成的经济学流派新奥地利学派是 20 世纪 70 年代由奥地利经济学家哈耶克与路德维希·冯·米塞斯提出的。新奥地利学派更多是在思想观念上对产业经济学产生影响，这是因为新奥地利学派在研究方法上非常在意主观主义的心理分析，而且倡导的极端主义政策在当时实行起来也不现实，所以产业经济学受到的新奥地利学派的影响更多是在思想层面上。

一方面，经济现象背后的文化基础和道德更被新奥地利学派所重视，不同意在经济学研究里运用自然科学的研究方法，倡导将哲学、政治、道德和经济问题的研究进行融合，对分析人类的行为拒绝使用经济计量方法和数学方法。

另一方面，新奥地利学派对政府干涉、打击行政垄断进行强烈的反对，其主张自在、自由、无拘束的经济政策,他们认为市场的发展处于不平衡状态,是市场参与者在市场里实行的错误的做法导致的,所以,市场在不断运行时所发生的一系列反应都是在调节不平衡时发生的。企业家实现市场平和和维护市场平衡都应该在不断发现错误、解决错误中进行。

第二节　市 场 结 构

一、市场结构的含义

市场结构是指市场主体的构成以及市场主体之间的相互作用和相互联系的状态,如市场竞争和市场垄断等。在市场上,进行商品交换的主体是具有独立经济利益的集团、企业和个人。这些市场主体在市场中的地位、规模和数量比例关系,以及它们的生产技术特点、它们在市场上交换物品的特点等构成了具体的市场。在不同的市场结构条件下,企业间的竞争内容、竞争特点、竞争强度均有所不同。

二、市场结构的基本类型

罗宾逊夫人在1933年出版的《不完全竞争经济学》一书中将市场结构分为完全竞争的市场结构、完全垄断的市场结构、寡头垄断的市场结构和垄断竞争的市场结构四种基本类型。

(一)完全竞争的市场结构

完全竞争市场,又叫作纯粹竞争市场,是一种竞争充分而不受任何阻碍和干扰的市场结构。在这种市场类型中,买卖人数众多,买者和卖者是价格的接受者,资源可自由流动,市场完全由"看不见的手"进行调节,政府对市场不做任何干预,只起维护社会安定和抵御外来侵略的作用,承担的只是"守夜人"的角色。

这种市场结构的特点是产业集中度很低,产品同一性很高,不存在任何进入与退出壁垒,完备信息(所有的买者和卖者都掌握与交易有关的一切信息)。

(二)完全垄断的市场结构

完全垄断的市场结构指只有一个买者或卖者的市场结构。垄断有买方垄断和卖方垄断,完全垄断的市场结构通常指的是卖方垄断,即只有一家卖方的市场结构。

这种市场结构的特点是产业的集中度为100%,没有替代品,进入壁垒非常高。同上面完全竞争的市场结构一样,这也是一种罕见的市场结构。

(三)寡头垄断的市场结构

寡头垄断的市场结构是一种少数几家厂商控制整个市场上的产品的生产和销售的市场结构。这是一种介于完全竞争和完全垄断之间,以垄断因素为主同时又具有竞争因素的市场结构。

这种市场结构的特点是产业集中度高,产品基本同质或差别较大,进入和退出壁垒较高。这是一种很普遍的市场结构形式,如许多国家的汽车、飞机、钢铁、计算机、石油化工等行业都属于寡头垄断的市场结构,它是产业组织理论重点研究的一种市场结构形式。

(四)垄断竞争的市场结构

垄断竞争的市场结构是一种介于完全竞争和完全垄断之间的市场组织形式。在这种市场结构中,既存在激烈的竞争,又具有垄断的因素,其是一种既有垄断又有竞争,既不是完全竞争又不是完全垄断的市场结构。这是一种比较接近现实经济状况的市场结构形式,它是介于完全竞争和完全垄断之间,且偏向完全竞争的一种市场结构形式。

这种市场结构的特点是产业集中度较低,产品有差别,进入和退出壁垒较低。

当然,除了罗宾逊夫人的基本分类以外,还有贝恩的市场结构分类方法以及日本经济学家植草益的市场结构分类方法。他们的分类方法都是以罗宾逊夫人的分类方法为基础的。

三、影响市场结构的主要因素

(一)市场集中度

所谓的市场集中度,就是在一个行业内,大型企业所占份额的比例,以及这些企业所占份额的大小。在某一行业中,企业的规模与数目,直接影响到企业之间的竞争力。公司的规模越大,其在市场上的销量越多,所占的份额越大,其对市场的价格影响也越大。并且,在高度集中的市场中,公司数目较少,在分配上更易于达成一致,从而更易形成垄断。而当公司规模较小、数目较多时,公司与公司之间通常很难达成一致意见,就算达成一致意见,也不容易保持,公司间的竞争比较激烈。

市场集中度反映出来的指标叫作特定市场的集中程度指标,它和市场的垄断力量有着紧密的联系,所以,市场结构考察的主要因素是产业组织理论中的市场集中度。

市场集中度的衡量指标不仅可以用洛伦兹曲线和基尼系数来体现,还可以用行业集中度来衡量。

洛伦兹曲线是由美国(或说奥地利)统计学家洛伦兹于 1907 年(或说 1905 年)提出的。这条曲线考察了国家间国民收入的分布。洛伦兹用长方形来考察全国人民的收入分布。长方形高是指社会财产所占的比例,其分为五个等级,每个等级代表社会财产总量的 20%。在长方形的长度上,按照从最穷到最富的顺序,从左到右,同样分成五个等级,第一等级是 20%的收入。在长方形里,把每个家庭的总资产按百分之百的比例加在一起,然后把对应的点画在图表上,就会形成一条洛伦兹曲线。

很明显,洛伦兹曲线的曲率在很大程度上是很重要的。一般而言,这是一种收入分配不均的现象。曲线愈大,则收入分配愈不均匀。尤其是当全部的收入都集中到一个人手里,其他的人什么也没有时,洛伦兹曲线就会变成一条折线;相反,当一个人的比例与他的收入比例相等时,洛伦兹曲线变成了一条 45 度的直线 OL,这条直线经过了原点。

基尼系数是意大利经济学家基尼在 1922 年提出的一个概念,它是用来对居民收入分配不均匀程度进行量化计算的一个指标。它的经济意义是指,在所有居民的收入中,用来做不平等分配的收入所占的比例。基尼系数的最大值是 1,最小值是 0。前者指的是家庭成员间收入的绝对不均,也就是一个家庭成员所拥有的所有收入;而另一种说法,就是指每个人的收入都是完全均等的,没有差别。但是,这两种情形都是绝对的理论形态,并不存在于现实生活中。所以,真实的基尼系数是在 0 和 1 之间。

(二) 市场进入与退出壁垒

1. 市场进入壁垒

市场进入壁垒,也被称为"市场准入壁垒",可分为经济型和战略型两类。

经济型进入壁垒:经济(或结构性)进入壁垒,主要指的是经济因素,比如,在位厂商的绝对成本优势、产品差异化,以及规模经济所造成的市场进入壁垒。具体地说,第一,领先厂商拥有绝对的成本优势。其主要来源是当权者的规模经营和稳健经营所带来的低成本,以及在工作学习和研发过程中获得的先进生产技术。这一优势对新兴企业形成了一道进入市场的障碍。在一些具有高度资本密集性的行业中,例如炼油、汽车业等,这些行业进入壁垒就更加突出。在竞争对手具有绝对的成本优势的情况下,竞争对手往往需要对现有技术进行创新,采用新方法和新工艺,并持续开发新市场,才能确保竞争的顺利进行。第二,进入的门槛是产品的差异性。它是由购买者对某一产品的偏好而产生的。第三是经济上的规模效应。现有企业的规模经济在两个方面对新企业的进入造成了制约,一方面,规模经济使得大规模生产的成本更低,所以需要募集大量的资金来建立达到一定规模的工厂;另一方面,规模效应的存在,又使得后进企业的生存变得更加困难。当市场容量达到一定程度时,规模效应会导致新企业进入,进而增加整体的产能与供给,导致产品价格下跌,而新企业的利润则会减少。此外,企业为防止竞争对手进入,可能会对竞争对手进行抵制。第四,就是特殊的资源。其主要是指专利、特许权、关键矿石,以及其他可能阻碍企业进入的因素。

战略型进入壁垒:在新产业组织学的研究中,战略型(或行动型)进入壁垒是一个非常重要的方面,强调了在位企业可以积极地通过自身的优势,运用各种方法来阻止新企业的进入,将阻止进入看作在位企业与潜在进入者之间的一个动态的竞争过程,主要运用了非合作博弈理论,来对可以成功阻止进入的行为进行分析。战略型进入障碍的研究,对未来企业的进入决策以及企业的竞争策略产生直接的影响。在信息不完整的情况下,战略决策能够影响竞争对手的预期。竞争者基于在位者的行为来对其决策信息进行判断,这在客观上使得在位者在竞争博弈中占据了主动权。在位者可以利用自己的先动优势,通过策略性的行为,将一定的信息传递给竞争者,让竞争者对未来事件的看法发生有利于在位者的改变,进而让潜在的进入者主动退出。

2. 市场退出壁垒

市场退出壁垒是指一个行业中的在位企业由于无法获得正常的盈利(损失)而选择退出时所要支付的费用。"退出"是指一家企业从其原有的经营范围中撤出,在某个市场上不再为其提供任何产品和服务。有进就有退,正是由于这一点,很多构成企业进入障碍的要素同时又是企业退出障碍的要素。然而,并非每一种进入障碍的对立面都会产生一种退出障碍。

退出壁垒一般是由经济、政治和法律等因素构成的。经济因素构成的退出障碍以沉淀费用为主,政府干预和法律法规等也构成了退出障碍。就像迈克尔·波特在讨论公司战略决策时所指出的那样,对于行业的退出策略,政府往往会有政治、经济、战略和情绪等方面的回应,特别是在一些情形下,政府对就业等因素的干涉,使得行业的退出变得非常困难。这是一个关于退出的政策障碍。而在其他情况下,政府通过税收优惠和财政补贴等方式,来推动某些行业的企业退出,这又是政府的产业退出援助政策。

阻碍市场退出的因素包括:①资本的下沉。当企业要退出行业时,必须要处置旧设备,当旧设备的价值低于旧设备的净价值时,就会产生"资金沉淀"现象。企业所用的设备愈多,其所占的资金比重愈大,其退出行业的亏损也愈大,其退出的难度也愈大。②安排工作人员。当企业从行业中退出的时候,就会有大量的人员需要安置。根据劳动保障政策,企业要为这些人员支付一笔很高的安置费,这就加大了企业退出的负担。

(三)产品市场需求成长率

产品市场需求成长率是在一定时期内,市场上对产品需求量的扩大比率。市场需求成长率对市场构成有影响。一般讲,当一定时期内的产品市场需求成长率较高时,产品价格会在供不应求的情况下提高,产业内出现超额利润,从而吸引新的企业大量进入产业,改变产业的集中度。当产品的市场需求成长率较低时,市场价格稳定或趋于下降,新企业在低价格条件下,很难进入产业市场,原有企业之间的竞争也更为激烈。

(四)纵向生产一体化

如果产品市场上存在大型纵向生产一体化企业,大企业既大量生产上游产品,又生产下游产品。当企业拥有上游产品的技术优势时,往往通过提高向其他下游企业销售上游产品的价格,制造下游市场竞争的不均。

(五)多元化

产品市场上较大规模的多元化企业在向技术相关的其他市场挺进时,可以利用原有的技术向相关市场扩散,使新产品在少投入的条件下进入市场。所以,多元化大企业不仅容易克服进入障碍,而且易于获得竞争优势。

(六)政府介入的程度和企业制度

政府介入程度不同,对市场结构的影响程度也不同。政府介入某一产业市场的程度愈深,范围愈大,强度愈高,企业组织受市场影响的程度就愈低,企业组织间的关系就更多地表现为行政组织关系而非市场组织关系;反之,企业间的市场关系就较为活跃,市场对企业行为的调节作用就较为显著。

第三节 市 场 行 为

一、市场行为的概念

市场行为是指企业在市场上为实现其目标(如利润最大化、更高的市场占有率等)而采取的适应市场要求的各种措施。

企业的市场行为即企业行为受市场结构状态和特征的制约,反过来,市场行为也会影响和改变市场结构的状态和特征。

二、市场行为的分类

市场行为分为两大类:市场竞争行为和市场协调行为。

(一)市场竞争行为

市场竞争行为分为三种具体的行为:定价行为、广告行为和兼并行为。

1.定价行为

(1)掠夺性定价

掠夺性定价又称驱逐对手定价,是指企业为了把对手挤出市场和吓退试图进入市场的潜在对手,而采取降低价格(甚至低于成本)的策略。这种策略性行为有三个重要的特征：

第一，在掠夺性定价中出现的价格下降一般是暂时性的。如果价格降低到成本水平以下，发起企业就要承担亏损，但是在把竞争对手驱逐出市场后，发起企业往往会再度把价格提升到可获经济利润的水平上。这个过程通常是"先亏损后盈利"的，因此掠夺性定价是企业以长期利润最大化为目标的策略性定价行为。

第二，在掠夺性定价中企业发动暂时性降价，其目的是要缩减供给量，而不是扩大需求量。这一点非常重要，因为只有在有效控制供给量的前提下，发起企业在驱逐对手之后才能提高价格。

第三，一般情况下，采用掠夺性定价策略的都是市场上实力雄厚的大企业。因为对手可能不相信企业发出的威胁信号，或者采取"硬拼"的对策，发起企业就必须具备比对手更长时间地忍受低价造成的亏损的能力，这样才有可能获得最后的成功。

掠夺性定价对市场结构的竞争性将产生极为不利的影响，这是显而易见的。因此，有些国家的法律规定这种行为是非法的。

（2）限制性定价（阻止进入定价）

限制性定价又称为"阻止进入定价"，它是指寡头垄断市场上的卖主，将价格定在足以获得经济利润但又不至于引起新企业进入的水平上。

2. 广告行为

广告行为是企业在市场上经常采用的一种主要的非价格竞争的方式。产业组织理论重点研究广告对市场结构与市场绩效的影响，及广告在不同行业的特点等问题。

3. 兼并行为

兼并行为是指两个以上的企业在自愿的基础上依据法律通过订立契约而结合成一个企业的组织调整行为。由于组织调整行为是对市场关系影响最大的市场行为，因此产业组织理论对企业兼并行为的研究非常重视。

（二）市场协调行为

所谓市场协调行为是指同一个市场上的企业为了某些共同的目标而采取的相互协调的市场行为。

企业之间的市场协调行为通常并不是以明确的协定和契约来加以规范

的,而是采取暗中共谋的形式来实现的。市场协调行为分为价格协调行为和非价格协调行为两大类,价格协调行为是以价格调整为手段实现的协调行为;非价格协调行为是以产品共谋为手段来实现的协调行为,如汽车产业中占支配地位的寡头企业作为车型变换的领导者把自己设计的车型投入市场后,其他企业就可能追随支配企业开发款式相近的车型,这就是典型的产品共谋行为。我们讲市场协调行为主要介绍两种基本的价格协调形式:卡特尔价格协调形式和价格领导制的价格协调形式。

1. 卡特尔价格协调形式

在寡头垄断市场上,某一企业的利润不仅取决于其自身的决策和行为,而且受其他企业决策和行为的影响。这种相互依赖的关系使追求利润的企业认识到它们可以通过结成同盟来避免竞争。若干个企业为形成稳固的垄断市场的目的而结成联盟,这样的组织就是卡特尔。这样的价格协调形式就是卡特尔价格协调形式。

在国际上,最有影响的卡特尔组织要数石油输出国组织(OPEC),这是一个于 1960 年成立的由世界上主要产油国家组成的卡特尔组织。

2. 价格领导制的价格协调形式

价格领导制是指在某一产业市场中,一家企业首先改变价格,其他企业则跟随这个企业采取相应的行动。这种协调往往是通过主导企业模型(斯塔克尔伯格模型)来完成的,即在某些寡头垄断市场上,一个大企业拥有总销量的主要份额,而其他较小的企业则供给市场的剩余部分。在这种情况下,这个大企业就会以主导企业的身份确定一个能够实现其最大利润的价格,而其他的那些单独对价格影响力很小的企业就会像完全竞争中的企业那样,把主导企业所确定的价格作为给定价格,并据此安排自己的产量。这就是主导企业模型。

第四节 市场绩效

一、市场绩效的定义

市场绩效是指在一定的市场结构中,由一定的市场行为所形成的价格、产量、成本、利润、产品质量和品种以及技术进步等方面的最终经济成果。市场绩效反映了在特定的市场结构和市场行为条件下市场运行的效果。

二、市场绩效指标

(一)利润率(收益率)指标

这是一个比较常用的重要指标。利润率的一般计算公式是

$$R = \frac{(\pi - T)}{E}$$

式中　R 为税后资本收益率;

　　　π 为税前利润;

　　　T 为税收总额;

　　　E 为自有资本。

(二)勒纳指数(Lerner Index)

阿巴·勒纳是出生于俄国的英国经济学家。勒纳指数通过对价格与边际成本偏离程度的度量,反映了市场中垄断力量的强弱。

勒纳指数度量的是价格与边际成本的偏离率。其计算公式为

$$L = \frac{(P - MC)}{P}$$

式中　L 为勒纳指数;

　　　P 为价格;

　　　MC 为边际成本。

勒纳指数的数值在 0~1 变动。在完全竞争条件下,价格等于边际成本,勒纳指数等于 0;在垄断情况下,勒纳指数会大一些,但不会超过 1。从直接的角度观察,勒纳指数越大,市场的竞争程度就越低。

(三)贝恩指数(Bain Index)

贝恩指数是著名的产业组织学者贝恩提出的一个指标。他把利润分为会计利润和经济利润两种,它们的计算公式分别是

$$\pi_{\alpha} = R - C - D$$

式中　π_{α} 为会计利润;

　　　R 为总收益;

C 为当期总成本；

D 为折旧。

$$\pi_e = \pi_\alpha - iV$$

式中　π_e 为经济利润；

i 为正常投资收益率；

V 为投资总额。

于是，贝恩指数为

$$B = \frac{\pi_e}{V}$$

实际上，贝恩指数代表的是行业的超额利润率。它的理论依据是，市场中如果持续存在超额利润（或者说经济利润），那么一般情况下就表明该市场上存在垄断势力，且超额利润越高，垄断力量越强。

三、市场绩效的综合评价

在产业组织中，我们指向的经济活动目标主要不是企业层次上的，而是产业和整个国民经济层次上的，在对市场绩效进行评价之前，就必须首先了解产业和国民经济层次上的目标。

（一）产业资源配置效率

1. 衡量资源配置效率的直接指标

在规范的微观经济中，只有通过有效的市场机制才能实现资源的最优配置，才能体现出最大的社会效用，也就是最大的社会福利。经济学者通常用三个指标对社会资源的分配进行综合分析和测度，即消费者剩余、生产者剩余和社会总体剩余。消费者剩余是消费者在以一定的价格购买一种产品时所得到的效用，扣除该产品所付出的代价后得到的净收益；生产者剩余指的是销售收入与生产支出之间的差额；消费者与生产者的剩余之和，就是社会的总体剩余。

企业利润是企业组织理论中常用的一种测度，它可以用来度量不同企业间的资源配置。微观经济学的理论分析显示，在一个完全竞争的市场结构下，由于资源在行业之间和企业之间的自由流动，各个行业和企业的长期利润率会趋近于平均数，所以，利润率可以被用来衡量行业的资源配置效率。

2. 产业的市场结构和资源配置效率

通常情况下,市场竞争和资源配置是密切相关的,市场竞争越激烈,资源配置的效率就会越高;相反,市场垄断越严重,资源配置效率就会越低。

3. X 非效率

X 非效率是指在一个大的垄断性的企业中,一个大的组织中的资源分配是没有效率的。其最早由美国哈佛大学的莱宾斯坦教授提出,并对其进行了深入的研究。莱宾斯坦提出这一概念,是为了表明对竞争压力的保护不仅导致了市场配置上的无效性,也导致了另一种无效性:对竞争压力有保护的企业,显然有过高的单位生产成本。由于这类低效的本质在那时还不清楚,因此被称为 X 非效率。

(二) 产业的规模结构效率

规模经济通常是指产品的单位成本随规模即生产能力的提高而逐渐降低的规律。规模经济可分为四个层次,即产品规模经济、工厂规模经济、企业规模经济和行业规模经济。在产业组织理论中,规模经济是一个很重要的指标。不过,它考察的对象通常不是某个具体的企业,而是整个产业。

1. 产业规模结构效率的衡量

工业企业的规模结构效率是工业企业在生产经营中所取得的规模效益,是工业企业在生产经营中所表现出的一个重要特征。产业规模结构效率与规模经济水平有着紧密的联系,还反映出产业界企业之间的分工协作程度的程度和效率。对某一行业规模结构效益的测度有三种方法:①以一家公司的生产总量所占的比重,来体现一家公司所取得的经济效益。②以生产过程中各个环节的生产总量所占的比重为指标,来表示生产过程中的生产总量在生产过程中的分布情况。③从行业内部是否有产能过剩的角度,来衡量行业对规模能力的使用情况。

2. 产业规模结构效率的三种状态

在一个行业中,企业的规模经济可以划分为三种状态。①低效率。低效率指的是在工业市场中,没有达到一定的经济规模而不能实现规模经济效益的企业,是工业市场中最大的供给方。这一现状说明某一行业的规模经济并没有得到最大程度的发挥,而是出现了小型化的低效现象。②过度集中。所谓"过度集中"，就是指市场上的主要供给方都是较大的企业，而不是一个经济体。过于集中，不能有效地降低行业的长期平均成本，从而导致了大企业的市场势力过于强大，对行业的资源配置效率产生不利影响。③理想化。在这种情况下，市场上的供给主体就是已经实现并接受了经济规模的企业。工业的规模经济已经得到了很好的发挥，工业企业的长期平均成本达到了最低，工业企业的资源分配与使用效率达到了最佳水平。

美国、日本等市场经济发达国家（70%~90%）的大部分工业都已达到了工业规模水平，也就是主要生产企业，像钢铁、石化、汽车、家用电器等均已达到经济规模，具有明显规模经济特征。

（三）产业技术进步

产业工业科学技术进步指产业技术中的发明、革新和技术转让活动。工业进步贯穿于所有产业的市场活动和产业结构中，并最终以整体经济发展的形态出现。也可以说，由于工业技术进步是一个动态的经济效率，所以，它是一种评价一国整体经济运行绩效的关键指标。

工业技术进步是以一个过程的形式出现的，美国著名的经济学家熊彼特将其划分为三个阶段。

第一个阶段是创造。从广义上讲，发明创造是指为人们的日常生活和生产活动而设计的一种新的生产方式，它可以用来解决有关的技术问题。工业技术发展的这个阶段是与研发阶段相对应的。

第二阶段则是创新。如果一个发明创造被成功应用于实际中，将会形成一个新的产业或是一种全新的生产方式。对产业发展来说，指的就是创业者们可以通过市场考察等可行性研究工作，或筹集资金，把创造的成功付诸实践，进而创造出新产品和可以使用的新的生产工艺。

第三个阶段是模仿。这个阶段又称扩散与技术转让，是一种新产品或新工艺的普遍使用。从行业角度来看，它是一种新产品或新工艺在行业中得到普遍应用，并随之产生的一种新技术在行业中的应用。

第三章 产业结构

第一节 产业结构概述

产业结构是产业发展的首要课题,同时,产业结构又与经济发展关系密切,产业结构和经济结构共同反映一个国家的经济发展方向和发展水平,制约经济发展的速度。一个国家产业结构是否合理在很大程度上决定国家的综合实力、经济实力和国际竞争力。

一、产业结构的内涵

(一)产业结构的概念

产业结构是经济学发展中所提出的概念,所以在一定程度上也被称为产业体系,是指各个不同类型的产业在国民经济中所产生的比例关系。产业结构主要包含三个方面:第一,各类型产业就业人数在经济市场中所占的比重;第二,各产业的资本额在经济市场中所占的比重;第三,各产业所创造的国民收入在国民经济中所占的比重。

20世纪40年代初,产业结构概念开始应用,从狭义的角度上是指各类型产业间的结构关系、构成产业形成的组合方式、构成产业形成的产业类型、各产业的物质基础、各产业的劳动力基础、各产业的发展程度及其在国民经济中的比重;从广义的角度上是指各产业在国民经济中的数量比重、在国民经济中各产业投入与产出经济效益的比重等。

(二)产业结构的特征

产业结构具有以下几个特征:

1. 客观性

产业结构是必然存在的经济现象,客观条件起着决定性作用,决定着其形成状况以及发展程度,也就是说,产业结构变化离不开客观条件,所以它的产业结构调整也离不开客观实际条件。

2. 整体性

产业结构的形成是各产业在国民经济中的比重关系,这也决定了它不能脱离国民经济整体,所以研究产业结构,应当从整体的角度出发。

3. 层次性

产业结构是将非物质资料生产部门与物质资料生产部门整合起来共同研究,这也注定了它具有不同的层次,各层次间既有联系,同时又各自独立。所以研究产业结构要从低层次不断递增,不能概括地进行研究。

4. 动态性

产业结构具有不同的层次,就标志着它是动态变动的,不是一成不变的固定状态,而是随着形势的发展不断演进。

5. 稳定性

产业结构的客观存在决定着它具有相对的稳定性。

二、产业结构与经济发展的关系

产业结构理论之所以是产业经济学最主要的组成部分,最根本的原因在于产业结构与经济发展的关系十分密切。

(一)产业结构的改善是经济发展的重要组成部分

社会经济发展包括经济数量的增长、经济结构的改善和生活质量的提高。其中,经济结构主要就是产业结构。目前我们讲的调整产业结构、供给侧结构性改革主要指的就是产业结构的改革。

(二)产业结构的状况是经济发展水平的主要标志

衡量经济发展水平的标准,主要不是经济增长、规模扩张、数量增加,而是产业结构的状况,产业结构优化程度是经济发展水平高低的主要标准。例如,农业经济社会、工业经济社会、知识经济社会的界定和区分都是以产业结构的状况作为标志的。之所以叫农业经济社会,是因为产业结构以农业为主。

（三）产业结构的改进是经济协调发展和持续发展的必要条件

经济要协调发展,产业结构必须合理,数量比例必须恰当,投入产出关系必须均衡。经济要持续发展,产业结构必须不断地优化升级,必须发展环保产业、技术密集型产业等。

（四）产业结构的合理化程度是经济效益高低的决定性因素

产业结构是决定资源在产业之间能否优化配置、高效利用的关键性因素。只有产业结构合理化,资源才能充分利用;只有产业结构高级化,产业的资源才能高效利用。宏观资源的优化配置主要体现为资源在产业之间的优化配置。

（五）优化的产业结构是经济发展的强大动力

不合理的产业结构会使经济发展比例失调、资源浪费,优化的产业结构则会极大地推动经济协调发展、资源高效利用。

第二节 产业结构演变理论与模式

以亚当·斯密为代表的古典经济学的自由主义价格理论是建立在完全竞争的市场经济条件的理论假设基础上的。探索资源的有效配置方式首先是从市场个量分析开始的。当人们把目光转向社会再生产的中观层面即国民经济的产业层面时,建立资源配置的结构调控机制,就形成了研究产业间部门关系、产业部门间的技术经济关联、产业结构演变的产业结构理论。

一、产业结构演变理论

（一）配第-克拉克定理

配第-克拉克定理是指劳动力和产值在三次产业发展过程中的变动规律,即随着经济的发展及国民收入水平的提高,劳动力首先从第一产业向第二产业移动;当人均收入水平进一步提高时,劳动力便向第三产业移动。劳动力在产业之间的分布状况是第一产业比重不断减小,第二产业和第三产业将顺次不断增加。

威廉·配第是英国著名的经济学家,一直致力于研究产业结构,他最早发现产业结构演变规律,通过观察世界各国的国民收入水平发现存在一定的差异,其重点就是产业结构的不同。接着他通过对英国船员的收入与农民的收入进行比较,发现农业的收入要远远低于工业的收入,而工业的收入则又远低于商业。他的这一发现在产业经济学领域引起了轰动,被产业经济学称为配第定理。他的这一发现披露了产业结构的演变,同时也为经济发展提供了基本方向,更为研究产业结构提供了科学依据。

科林·克拉克同样也是英国著名的经济学家,由于一直从事工农业相关职务,所以他在所著的《经济进步的条件》一书中,将产业分为三大类,并详细分析了在第二、三次产业中,劳动力的移动规律。劳动力之所以在不同产业间流动,原因是不同的产业间收入的差异较大,工业的收入比农业的收入要高,而服务业的收入比工业的收入要高,造成了这一现象,同时也验证了他的发现。他的这一发现实际上也是为了验证配第的发现,所以产业经济学界将他的这一发现成果称为配第-克拉克定理。

(二)库兹涅茨的人均收入影响论

西蒙·库兹涅茨是美国著名的经济学家,对产业发展理论做出了重要的贡献。尤其是他提出的"库兹涅茨曲线",对人均收入状况随着经济发展而变化所产生的曲线,进行了详细概括,是经济学中十分重要的理论概念。

库兹涅茨全面研究了产业结构变动与经济之间的关系,通过对就业人口流动与总产值变动的考察发现,如果按照人口平均收入产值来进行评估,农业部门的份额远远低于工业与服务业的份额,可见工业与服务业的平均收入水平远超农业平均收入水平,但它们的结构比例则是没有变化的,这充分说明了人均收入在很大程度上影响着产业结构变动。他的这一观点也被称为"人均收入影响理论"。

库兹涅茨这一理论也充分阐明了产业结构变化伴随着经济的发展。在产业结构中,第一产业实现的收入在整个国民经济中处于不断下降的趋势,显然农业在经济发展中的作用也在不断下降;第二产业实现的收入在整个国民经济中处于不断增长趋势,而劳动力的比重整体上没有大的变动,这充分说明了工业对经济的发展作用越发重要;第三产业实现的收入在整个国民经济中一直处于上升态势,劳动力的比重是呈增长趋势,较为明显。

这种产业间的相对国民收入即国民收入相对比重和劳动力相对比重之比,叫作"比较劳动生产率"。

某一产业的相对国民收入＝该产业的国民收入的相对比重/该产业的劳动力的相对比重×100%。

(三)霍夫曼定理

1931年,德国著名经济学家霍夫曼在他的著作《工业化的阶段与类型》中,系统地研究了工业化过程中的产业结构演变,并得出了"霍夫曼定理",即随着工业化的发展,"霍夫曼比率"(消费性材料与资本性材料的净产值之比)将会不断地降低。按照霍夫曼定理,人类社会的发展可以划分为四个时期。在工业化的第一个阶段,消费品行业的生产在制造业中占有很大的比重,而资本品行业的生产实际上并不十分发达;在工业化的第二个阶段,资本品行业的发展速度略高于消费品行业,但消费品行业的生产规模远远大于资本品行业;在工业化的第三个阶段中,资本品行业的产量持续增加,并快速扩张,并与生活用品行业的产量基本持平;在工业化的第四个阶段中,以资本产品工业为主,它比消费品的生产规模更大,基本达到了工业化的程度。

霍夫曼比率符合当前产业发展的规律,尤其是符合工业化发展的初级阶段。但是,它依然存在着多个理论缺陷:第一点,无法充分地反映出产业结构的发展趋势;第二点,重工业、轻工业与消费品产业和资本品工业之间缺少对应关系(重工业是指三个主要的工业,即金属、机械和化工,在我们国家,这三个行业也包含了采矿;轻工业主要指的是农产品的加工产业,包括了食品加工和纺织工业,在我国,还包括了日用机械、日用金属制品等以非农业产品为原材料的消费品工业)。

(四)钱纳里的"标准产业结构"理论

钱纳里以"发展型式"为基础,对开放的工业结构进行了规范,并在此基础上形成了"标准化工业结构"。钱纳里的研究结果显示,随着人均所得增加,产业结构有规律地改变。它的主要特点是,在GDP中,工业所占的比例逐步增加,农业所占的比例不断减少,而服务部门所占的比例却以不变的价格逐步增加;在劳动力就业结构中,农业所占比重有所下降,工业所占比重变化较慢,而第三产业将会吸收从农业中转移出去的大量劳动力。

应当重点关注的是标准产业结构与实际产业结构之间所存在的一定误差不能作为唯一的衡量标准，只能作为判断产业结构情况的一种参考值。

（五）罗斯托的主导产业理论

罗斯托是美国著名经济学家，其代表作有《经济成长的过程》《经济成长的阶段》和其他几部著作。他试图用经济学理论来解释经济历史的过程，把社会发展分为六个阶段，并认为每个阶段都有起到主导作用的工业部门，经济阶段的演变就是以主导产业的更替为特征。第一，传统社会阶段：科学技术水平比较低下，工业部门以农业为主。第二，为腾飞创造前提的阶段：近代科技逐步普及到了工业和农业领域，占全国人口百分之七十的劳动力都转移到了工业、商业和服务业，投资比例也远高于人口的增长率。第三，腾飞阶段：相当于工业革命，在这段时间里，累积比率占国家收入的比重从原来的5%逐步上升到10%，出现了几个主要的经济行业，促进了经济增长。第四，成熟阶段：现代化科技成果已得到充分利用，投资比例为10%~20%，产业结构出现较大转变。第五，大众消费阶段：工业发展到一定程度，主要产业向耐用品、服务行业转变。第六，追求生活品质的阶段：占主导地位的部门由耐用品部门转向对生活品质有改善的部门，如文化、教育、医疗、保健、福利、娱乐和旅游业。

其关于"主要部门以投入产出关系来推动经济增长"的观点和"主要部门的顺序不可随意更改"的观点，对于我们有很大的参考价值。任何一个国家，都必须立足于其自身的经济状况，不能超出其经济发展的阶段，而只能从一个较低的阶段，到一个较高的阶段。

二、产业结构演变模式

下面主要探讨后进国家与先行发达国家的产业结构演变的两种主要模式：

（一）弗农的"产品循环发展模式"

雷蒙德·弗农，美国经济学家，哈佛大学教授、跨国企业问题专家，是"二战"以后国际经济关系研究方面最多产的经济学家之一，提出了著名的产品生命周期理论。他有20年在政府部门任职的经历，还在短期内从事过商业。

20 世纪 50 年代,弗农提出了先行的经济发达国家的产业发展模式,即著名的"产品循环发展模式"。弗农认为工业先行国的产业结构演变模式要与国际市场的发展变化紧密结合,并通过参与国际分工来实现本国产业结构升级,从而实现产业结构的国际一体化。

这种产品循环顺序是"新产品开发—国内市场形成—出口—资本和技术出口—进口—更新的产品开发……"。产品经过这一顺序不断循环,带动了工业结构由劳动、资源密集型向资金紧集型,进而向技术密集型演进,实现产业结构的升级。这一过程可以通过四个阶段来加快本国的工业化进程。

第一阶段:研究开发新产品,逐步占领国内市场。

第二阶段:国内市场饱和后,就要开拓国际市场,增加该产品的出口。

第三阶段:产品占领了国外市场后,输出资本和该产品的生产技术,促成资本和技术与当地的廉价劳动力和其他资源相结合,就地组织生产和销售。

第四阶段:国外生产能力形成后,又会使这种产品以更低的价格返销到国内市场,迫使开发了新产品的先行国削减或放弃该产品的生产,从而促进下一个新产品的开发。因此,产业结构的政策要根据不同时期的特点来制定。

产品循环发展模式和产品的生命周期理论密切相关。这种先行国在海外的投资使其已有的产业受国外竞争压力的威胁现象,又叫作"反回头效应"。经济发达的国家或地区可以回避风险大、花费多的技术开发过程,充分利用先行国的资金和技术,并与本国的廉价劳动力资源和其他优势资源相结合,以成本优势返销到工业先行国的市场,这可以大大地缩短经济欠发达国家的工业化进程。

(二)赤松要的"雁行模式"

赤松要,日本经济学家,他根据产品生命周期理论,提出产业发展的"雁行模式"。他在考察日本出口产品发展的生命周期时发现,净出口在时间轴上表现为一种类似"大雁飞行的状态",即表现为出口产品从低到高,再从高到低的过程。

这一模式揭示了后进国家参与国际分工实现产业结构高度化的途径。他通过对日本历史的考察,认为后进国家的产业发展应遵循"进口—国内生产—出口"的模式,并呈现周期性的循环,使其产业相继更替发展。

第一只雁是进口浪潮。后进国家的产业结构脆弱,国民经济体系不完整,而市场又对外开放了,这就使国外产品大量进入后进国家的市场,这时的市场基本上是进口产品。

第二只雁是进口所引发的国内生产浪潮。国外产品的进入,使后进国家的市场得以扩大,这时后进国家可以充分模仿、引进和利用进口产品的生产工艺和技术,并使之与本国的廉价劳动力和优势自然资源相结合,不断增加某些进口产品的国内生产。

第三只雁是国内生产所引起的出口浪潮。后进国家生产达到一定规模后,本国的劳动力和自然资源优势,加上生产到了一定阶段,高新技术转化率和转化速度的提高,经营管理的改善,使原进口产品的生产具有比以往进口国更大的成本优势,使其产品的销售在国际市场上具有较大的竞争优势和市场地位。

第三节　产业结构演变基本规律及影响因素

产业结构的演变受许多因素的影响,并同时呈现一定的发展规律。

一、产业结构演变的基本规律

产业结构是同经济发展相对应而不断变动的,这种变动主要表现为产业结构由低级向高级演进的高度化和产业结构横向演变的合理化。一般来说,产业结构演变的基本规律主要表现如下。

(一)三次产业比重变动规律

这一规律由配第-克拉克定理所揭示,它反映了三次产业中的就业结构与产量结构的变动,也就是三次产业在发展中,当人均国民收入水平提高时,就业人口将首先从第一产业转移到第二产业,从而使第二产业在国民经济中所占的比例越来越大,而第一产业所占的金字塔形结构则变成了鼓包形结构;在人均国民收入得到进一步提升的时候,就会有大量的就业人口转移到第三产业,第三产业在国民经济中所占的比重也会越来越大,产业结构由以第二产业为主体的鼓包形结构,变成了以第三产业为主体的倒金字塔形。

对一些发达国家产业结构的演变过程进行分析,我们可以将这个结构的演变过程大致分成前期、中期、后期三个阶段。在工业化初期,由于工业生产能力不高,生产设备陈旧,主要是以农业和轻纺工业为主,随着工业的发展,逐步形成了以重化工业为主体的工业结构。随着经济的发展和科技的进步,劳动密集型和资源密集型的产业在经济发展中占有重要地位。第一产业的产值比重在三次产业中占主导作用,第二产业的产值比重比较小。在工业化中期,第二产业迅速发展,它的产值在三次产业中占据着重要的地位。这个时候,大型机器工业体系已经逐渐完善起来,产业结构显示出了显著的重化型特征,比如电力、钢铁、机械制造业等,它们在经济发展中占据着主导地位,并且,使基础的工业与设施得到了提升。同时,第一产业的占比呈现出下降的趋势,但是,第三产业的占比却显著提高。在工业化的后期,以汽车、家电为代表的耐用消费品与以信息技术、微电子技术、航空航天技术为代表的高新技术产业得到了迅速发展,第一产业的产值比重下降到了最低水平,第三产业的产值比重在三次产业中占据了支配性的位置,其主要特点是产业知识化。

(二)主导产业转换规律

主导产业是在产业结构中处于主导地位,发挥引导和支撑作用的产业,即一个国家在一定时期内经济社会发展所依托的重点产业,这些产业对整个社会的经济发展和其他产业发展具有强烈的前向拉动或后向推动作用。

按照罗斯托的主导产业理论,主导产业转换规律是指在不同的经济发展阶段主导产业的更替规律。

从主导产业的转换过程来看,产业结构的变动具有阶段性。一般情况下,产业结构的演进遵循这样的演进路线:农业—轻纺工业—基础工业—重化工业—现代服务业—信息产业,各产业阶段交替。每一阶段的演进均有自身的主导产业:

(1)以农业为主导的阶段。农业的劳动力和产值比重在三次产业中占主导地位,第二、三产业的发展有限。

(2)以轻纺工业为主导的阶段。轻纺工业由于需求拉动作用明显,工业革命后又使纺织机有了动力来源,且纺织技术也有所突破,从第一产业分离出来的劳动力价格低廉,这一切因素使其得到了较快的发展。同时,第一产业劳动力和产值占三次产业的比重有所降低,重化工业和第三产业的发展有限。

(3)以化工业为主导的阶段。农业产值在三次产业中的比重进一步降低,轻纺工业的发展速度有所减缓,而以原材料、燃料、动力、基础设施等基础工业为中心的重化工业得到了较快的发展,并逐渐取代轻纺工业成为主导产业。

(4)以低度加工型为主导的阶段。在制造业中,传统型、技术含量较低的机械制品、钢铁、造船等低加工度的产业发展速度较快,其劳动力比重有所增加,产值在三次产业中的比重逐渐增大,成为主导产业。

(5)以高度加工型为主导的阶段。技术创新成果在工业中得以大量应用,并对传统产业加以改造。因此,技术密集型的产业快速发展起来,技术要求高且附加值高的产业,如精密机械、精密化工、石油化工、智能机器、计算机、飞机制造、汽车及数控机床等有了快速的发展,成为经济增长的主要推动力量,其产值在三次产业中占有较大的份额,并且增速较快,成为国民经济的主导产业。

(6)以第三产业为主导的阶段。第三产业如服务业、运输业、旅游业、商业、房地产业、金融保险业、信息产业等取得了明显的发展,且第三产业和第一、二产业关联效应日益增强,其产值在国民经济中的比重增大,占据较大的份额。第二产业的发展速度有所减慢,产值比重有所降低,并不再占据主导地位,但其内部结构变化较大,高新技术产业诸如微电子产业、核电业、新型合成材料业、生物工程业、宇航工业、光学纤维及信息产业等迅速崛起。

(7)以信息产业为主导的阶段。信息产业得到了高速发展,同时,以计算机为核心的"智能机器"迅速取代人脑进入生产过程,实现了生产过程的自动化和信息化,商品生产由以物质商品为主逐步向信息产品过渡。这一时期,信息产业已成为国民经济的支柱产业和主导产业,该时期也叫作后工业化阶段。

(三)三次产业内部结构演变规律

三次产业内部结构的演变呈现不同的发展规律与趋势。

1. 第一产业内部结构演变规律

在第一产业中,传统农业逐渐转向现代农业,农业内部各产业相互促进、相互作用,协调发展,使分散化的农业越来越集中,从而逐渐走向产业化发展。

第一,传统农业向现代农业演变。传统农业基本上都是以家庭为单位的个体经营者,他们的主要生产力是人力与畜力,以农、牧结构为主要形式。现代农业是以农业技术与农业设备作为基础,很大程度上优化了农业生产中的每个环节,从而实现了农业高收益。

第二,农业内部各产业部门协调发展。农业的产业众多,涵盖林业、种植业、畜牧业等,各产业间既是独立的个体,同时又密切联系,这种联系对自然环境有着较强的依赖性。农、林、牧等这三大部门充分利用自然资源,形成良好的生态系统,这也成为农业生存的必然条件,也是实现良性循环的客观要求与前提。其中,粮食生产是所有农业生产部门中最为重要的部门,有着举足轻重的地位,几乎所有国家都是如此,尤其是不太发达的国家,更是如此。当前,各个国家的农业发展中,当数畜牧业在整个农业生产部门中的比重较为明显。这一趋势给农业生产提出了新的要求,专业化的生产方式是畜牧业发展的必然要求。

第三,农业由分散化经营向产业化方向发展。农业生产经营者基本上都是个体农户,想要实现产业化发展,就需要以市场为导向,以龙头企业作为中介组织,将生产过程中的产前、产中、产后等实现一体化运营。

2. 第二产业内部结构演变规律

所谓第二产业,就是指广义的工业,除了制造业之外,还包括建筑行业、采矿业、供应业等,这里针对工业结构过程的研究主要是以制造业为主的。第二产业内部结构演变呈现如下规律。

第一,高加工度化趋势。高加工度化的趋势,也就是经常说的轻工业、重工业由以原材料工业为核心的结构,逐渐转化成以加工工业、组装工业为核心的结构。

第二,高技术化趋势。产业结构的演化与工业化过程紧密联系在一起。自从工业诞生以来,它一直在持续地将科学技术的最新成果运用到生产过程中,从而让工业的生产效率持续地提升,生产规模也在持续地扩大,生产过程和技术装备也在朝着高技术化、现代化、精密化的方向发展。

第三,高附加价值趋势。工业发展从依靠劳动力,发展到依靠资本,进而发展到依靠技术。在此过程中,产业结构变化呈现出从劳动密集型向资本密集型、技术密集型向知识型转变的趋势。

3. 第三产业内部结构演变规律

第三产业的意思是服务行业。可以将服务业划分成传统服务业以及新型服务业。后者包括通信、咨询和文化、教育、科学、卫生和法律等方面的技术服务。我国第三产业的内部结构演化规则如下。

首先,服务业的产出在增加,就业在增加。随着我国经济的迅速发展,第三产业的规模也随之扩大,第三产业的生产总值在国民经济总产值中的比例也在不断提升,同时,我国第三产业具有强烈的劳动力吸引能力,使其内部劳动力在整个社会中所占的比例越来越大。

其次,服务业的现代化。在社会分工日益专业化、一体化的今天,各类服务劳动也逐渐脱离了生产活动而形成了一个单独的部门。在此基础上,出现了种类繁多、层次错综复杂的社会服务机构。各服务业的独立化、自动化和标准化的趋势,使得第三产业呈现出一种现代化的面貌。

最后,新型的服务业形式不断出现。随着人们对社会服务需求的不断增强,新型的技术手段在持续地发展和应用,同时也造成了满足需求的手段、方式在持续地改变,这就造成了在整个社会系统中,物流、资金流和信息流都处于高速运转状态。为了能够快速、准确、顺畅地维持良好的运转状态,在流量持续增大、流程与流速持续增加的情况下,就出现了新兴的第三产业,进而构建出具有一定规模的现代化信息、咨询、科技产业。

二、影响产业结构演变的主要因素

一般来说,影响产业结构演变的因素主要有以下五个方面。

(一)需求结构

由于需求具有引导产业的作用,因此需求结构的变动会导致产业结构的变动。大量的事实证明,需求结构的变化与产业结构的变化是相对应的。从最根本的意义上来说,社会的消费者选择的集合即社会需求决定了市场经济条件下资源配置的方向和格局。尽管消费需求对资源配置的约束强度在不同国家、不同时期表现有所不同,但资源配置必须符合消费者选择或需求的原则是不容置疑的。消费者选择的结果是形成一个内容多样化、具有一定层次结构的消费需求格局或叫消费结构。消费结构就是指各类消费支出在总消费支出中的比重。最早揭示消费结构变动规律的是19世纪德国统计学家恩斯特·恩格尔,他通过对英、德两国居民家庭的消费支出构成所做的统计分析,得出了随着家庭收入的增加,人们用于食物上的消费支出所占比例越来越小的结论,这就是著名的恩格尔定律。

(二)供给结构

供给结构与产业结构演变的关系具体体现为投资结构、自然资源禀赋、劳动力和资本等方面对产业结构演变的影响。

1. 投资结构

投资结构是指投资在国民经济各部门、各行业、各地区之间的分配比例。投资在各产业部门的分布是改变已有产业结构的直接原因,投资也是通过产业结构增量变化来调整产业结构存量的途径。一般来说,投资结构的变化是与整个需求结构变化相一致的。

2. 自然资源禀赋

自然资源禀赋在很大程度上制约一个国家的产业结构。地下资源状况对采掘工业、燃料动力工业以及重工业结构有决定性的影响。缺乏矿产资源的国家无法形成大规模的采掘工业,或者是采掘工业在整个产业结构中的比重相对要小些。相反,如果一个国家某种资源特别丰富,则可能形成以利用这一资源为主的产业占重要地位的产业结构。

3. 劳动力和资本拥有状况

劳动力和资本的拥有状况对产业结构演变也具有很大的影响。一个国家能向新的产业源源不断地输送劳动力,是产业结构不断演进的重要条件。

(三)技术进步与创新

技术进步与创新既是经济增长的主要推动力,也是产业结构变迁的动力。科学技术发展是影响产业结构变化的最主要因素,具体表现在以下几个方面:

1. 技术革命会催生新产业

人类社会所经历的四次技术革命都引起了产业结构的巨大变化。第一次科技革命促进了人类从农业社会向工业社会的转变;第二次科技革命促进了机电工业迅速发展;第三次科技革命促进了原子能工业、计算机产业、信息产业迅速发展;第四次科技革命促进了一大批高新技术产业的出现。

2. 技术创新促进产业发展

随着产业分工与专业化的深度发展,社会生产对科技进步的依赖越来越突出。新技术已经成为经济和社会发展中的重要变革力量,科学技术对经济发展做出了巨大的贡献。

(四)国际贸易与生产要素的国际流动

通过影响国家的经济发展,国际贸易对国家的产业结构也具有非常重要的影响。国外商品的进口,可以弥补本国生产某种商品的产业发展的不足,而且进口某些国外新产品具有促进开拓本国市场、为本国发展同类产业创造条件的作用。同时,某些产品的进口还可以产生抑制本国某些产业发展的作用。

资本、技术、人才和劳动力等生产要素的国际流动,无论对流出国还是流入国的产业结构都会产生影响,因为这些生产要素是产业结构的构成要素。例如,跨国公司进行跨国投资,国际资本以直接投资或间接投资方式流动,都在很大程度上影响世界产业结构的变化。

(五)社会环境

政府宏观政策和市场等社会环境因素也对产业结构的变动具有影响。社会环境因素对产业结构系统来讲,属于外生变量,但其对产业结构升级的影响是不可低估的。产业政策是各国在其产业发展过程中所采取和制定的一系列的经济政策,以鼓励或限制某些产业的发展。政府还可以通过制定财政、货币等政策,采取公共投资、管制等措施,利用立法、协调等手段来调整供给结构、需求结构、国际贸易结构和国际投资结构,进而促使产业结构发生相应的变动。

第四节 产业结构优化

按照产业结构的演变规律,随着经济的增长、国民收入的增长,产业结构会向高级化方向演化,即第一产业劳动力的相对比重和国民收入的相对比重下降,第二产业和第三产业的劳动力的相对比重和国民收入的相对比重上升。

产业结构的优化具有特定的含义和丰富的内涵,它是政府制定产业结构政策的目标导向。

一、产业结构优化的含义

(一)产业结构优化的概念

产业结构优化是指推动产业结构合理化和高级化的发展过程,是实现产业结构与资源供给结构、技术结构、需求结构相适应的状态与水平。

产业结构优化具有四个方面的指标,即产业结构合理化、产业结构高级化、产业结构均衡发展、产业发展效率。

（二）产业结构优化的目标

产业结构优化的目标主要是要实现产业结构的高级化和合理化,最终实现经济的持续快速增长。从产业结构优化的对象来说,其主要包括以下几个方面:

其一,供给结构的优化。

其二,需求结构的优化。

其三,国际贸易结构的优化。

其四,国际投资结构的优化。

（三）产业结构优化的特征

从实践上来讲,产业结构优化就是通过政府的有关产业政策调整,影响产业结构变化的供给结构和需求结构,实现资源优化配置,推进产业结构的合理化和高级化发展。具体地说,其特征包括以下三点:

第一,产业结构优化是一个动态过程,是产业结构逐步趋于合理、不断升级的过程,在一国经济发展的不同阶段,产业结构优化的衡量标准不同。

第二,产业结构优化的原则是产业间协调发展和最高效率原则。

第三,产业结构优化的目标是资源配置最优化和宏观经济效益最大化。

二、产业结构合理化

（一）产业结构合理化的含义

产业结构合理化指的是产业结构从不合理走向合理的发展过程,也就是产业间的协作能力在不断增强,产业间的关联度在不断提升。其主要以产业技术经济关联的客观比例关系为基础,按照再生产过程中的比例性需求,来推动国民经济中各个行业之间的和谐发展,让各个行业的发展都能与整体国民经济发展保持一致。

产业结构合理化这一思想,在著名经济学家魁奈的经济理论中便已萌发。在此之后,马克思的"部落"说和里昂惕夫所提出的"投入-产出"方法,又对合理的产业结构做出了较为深入的论述。它们的中心思想都是强调工业部门之间的均衡和协调发展。世界上许多国家的经济发展战略都高度重视并广泛进行产业结构的合理调整。合理的产业结构是经济发展的一个重要理论依据。

(二)产业结构合理化的判断方法

"标准结构"经常被用来做对比。"标准结构"是由大量的历史资料和经验总结得出的,反映了一个国家产业结构演化的普遍规律。所以,我们可以把它作为一个参照系统,来对比一个被判定的产业结构,来验证这个被判定的产业结构的"合理"与否。

库兹涅茨在对产业结构演化规律的研究中,既采用了时间序列数据,也采用了横断面数据,考察了不同发展阶段之间的关联性。对一个国家的产业结构进行剖面分析,可以为我们理解一个国家的产业结构已经发展到什么程度提供一个比较的基础。库兹涅茨运用这个方法,对一个国家在不同的经济发展阶段,给出了一个标准的产业结构。

根据库兹涅茨的思路,一些学者还提出了"标准结构",比如钱纳里的"行业结构标准型模型"。但是,因为每个国家的具体情况都不一样,所以,对于产业结构的要求也存在着较大的差异。

三、产业结构高级化

(一)产业结构高级化的概念

产业结构高级化是指遵循产业结构演化规律,通过技术进步,使产业结构整体素质和效率向更高层次不断演进的趋势和过程,具体指一国经济发展重点或产业结构重心由第一产业向第二产业和第三产业逐次转移的过程。它标志着一国经济发展水平的高低与发展阶段和方向。

产业结构高级化强调技术集约化程度的提高,如从以第一产业为主的产业结构转变为以第二产业为主的产业结构意味着产业结构升级;在第二产业中由生产初中级的消费品的产业结构转变为生产资本品为主的产业结构也意味着产业结构升级。

(二)产业结构高级化的内容

一般来说,产业结构高级化包括以下基本内容:

1. 产业素质高级化

新技术在各产业部门得到广泛的运用,技术密集度不断地提高;产业的劳动者素质和企业家的管理水平不断上升;各产业的产出能力、产出效率不断提高。

2. 结构效应单元化

产业结构由第一次产业占优势顺次向第二次产业、第三次产业占优势的方向发展;在资源结构上,由劳动密集型占优势顺次向资金密集型、技术密集型占优势的方向发展;由在加工工业中制造初级产品的产业占优势逐步向制造中间产品、最终产品占优势的方向发展。

3. 产业组织高级化

规模经济的利用程度大大地提高,竞争从分散的、小规模的竞争转向以联合或集团式的集中性大规模竞争的方向发展;产业间关系趋向复杂化,大中小型企业联系越来越密切,专业化协作越来越细,企业多角化经营范围越来越广。

4. 产业协调高级化

产业开放度不断提高,通过国际投资、国际贸易、技术引进等国际交流方式,实现与产业系统外的物质能量的交换,在更高层次上实现结构均衡协调发展,建立国际协调型的产业结构。

(三)衡量产业结构高级化的主要标志

衡量一国产业结构高级化有两种基本方法:一种是截取不同的时点进行纵向比较,另一种是选取参照国际横向比较。下面主要介绍两种方法:

1. 标准结构法

将各国的产业结构的平均高度作为参照系进行比较,以确定一国产业结构的高级化程度。库兹涅茨在研究产业结构的演进规律时提出了经济发展不同阶段的产业标准结构。根据"标准结构"就能了解一国经济发展到哪一阶段以及产业结构高级化的程度。

2. 高新技术产业比重法

产业结构高级化过程,也是传统产业比重不断降低和高新技术产业比重不断增大的过程。通过计算和比较不同年代高新技术产业、产值、销售收入等在全部工业中的比重,可以衡量产业结构高级化的程度。发展中国家可以以发达国家为参照对象,通过比较高新技术产业比重,来发现发展中国家产业结构高级化的相对水平和与发达国家的差异。

第四章　产业竞争力

第一节　产业竞争力概述

产业竞争力是产业经济学研究的重要内容。产业竞争力与区域经济社会发展有密切的联系,提升产业竞争力对增强国家或区域经济社会发展的能力有重要的意义。

产业竞争力是一个与国家竞争力、企业竞争力、产品竞争力相关的概念。

一、产业竞争力的内涵

产业竞争力是国家竞争力的重要指标。国家竞争力是指一个国家创造增加值和国民财富持续增长的能力和国家经济实力,包括产品竞争力、企业竞争力、产业竞争力等。产品竞争力是指该产品在市场竞争中获取胜利的能力。产品的价格、质量、品牌以及营销活动是决定产品竞争力的直接因素。企业竞争力是指一个企业在市场中所具有的能够持续地比其他企业更有效地向市场提供产品或服务,并获得盈利和自身发展的综合素质能力。

产业竞争力其实既是一个相互比较的概念,也是一个具有区域性质的概念,就是在一定区域内产业生产力的比较,指某国或某一区域的某个特定产业相对他国或某一区域同一产业基于经济效益基础上的生产能力和市场占有能力。产业竞争力包括两个方面,即产业国际竞争力和国内区域产业竞争力。

(一)产业国际竞争力

产业国际竞争力主要是指各国同类产业在国际市场上基于经济效益基础上的生产能力和市场占有能力。

在市场经济中,经济活动的关键环节是生产效率和市场营销,产业竞争力最终通过产品的市场占有份额来衡量和检验。在工业社会,追求经济效益,以尽可能少的投入生产尽可能多的产出是人类经济活动的基础原理。所以,产业竞争力归根结底就是各国同类产业或同类企业之间相互比较的生产力。

(二) 国内区域产业竞争力

国内区域产业竞争力主要是指一国同类产业在国内市场上基于经济效益基础上的生产能力和市场占有能力。

国内区域产业竞争力来源于企业竞争力、人才竞争力、结构竞争力、集群竞争力、技术竞争力、持续竞争力、制度竞争力和协作竞争力以及文化竞争力等多个方面。

二、产业竞争力的理论基础

不同时期的经济学家都从不同的角度研究探讨了产业竞争力的相关问题,为我们学习产业竞争力奠定了良好的理论基础。

(一) 比较优势理论

比较优势理论最初是由著名的英国经济学家大卫·李嘉图提出的,也被称为相对差别理论。《国富论》这本书对大卫·李嘉图有很大的影响。他的研究范围十分广泛,不仅是研究经济方面,还着重于研究其他领域,特别是对税收方面也非常感兴趣,为此他还曾经出版过很多经济学方面的书。1817 年,他所著的《政治经济学及赋税原理》出版,对税收理论进行了详细阐述。他着重于强调自由贸易,吸纳了自由主义经济理论观点,认为促进经济增长的最好方法就是在一定程度上限制国家的活动范围,这有助于减轻国家的税收负担,从而促进国家经济健康稳定发展。他的理论对后来的经济思想也产生了一定的影响。

《国富论》的作者是英国著名的经济学家亚当·斯密,这本书出版以后,引起了经济学领域的广泛热议。这本书不仅在英国本土具有一定的影响力,甚至轰动整个世界。所以,亚当·斯密也被经济学领域的学者称为"现代经济学之父"。《国富论》的出版,标志着自由主义经济学横空出世。书中提到,世界各国在生产过程中,技术上的差异会使生产成本产生一定的差异,从而影响劳动生产效率。简单来说,就是如果一个国家的某种产品,有着较高的生产效率或者是生产成本较低的话,那么这个国家的这种产品就会占有很大优势,但这并不意味着其他产品的生产效率有优势,只是单纯地指这一种生产效率较高的产品占有优势。

为了更好地解释国与国之间的贸易,1817 年,大卫·李嘉图从相对生产效率的角度完善了亚当·斯密的绝对优势理论,并将其发展为比较优势的理论。大卫·李嘉图认为,国际贸易的基础并不限于生产技术上的绝对差别,只要各国存在生产技术上的相对差别,就会产生生产成本和产品价格的相对差别,从而使各国贸易具有比较优势,具有国际竞争力。每个国家都集中生产并出口其具有"比较优势"的产品,进口其具有"比较劣势"的产品,从而获得比较利益。这一理论也可称为相对差别理论,其实是指两国在生产过程中,由于生产要素、技术等因素的不同而出现相同产品之间生产成本的相对差异。

从相对差别理论我们可以看出,一国在其存在相对优势的产品上也存在国际竞争力。20 世纪 30 年代,瑞典经济学家赫克歇尔和他的学生俄林对传统比较优势理论进行了补充和发展,提出了资源禀赋理论,又叫 H-O 理论,这一理论认为国家之间资源要素禀赋的差异决定贸易的流动方向。

(二)技术差距贸易理论

所谓技术差距贸易理论,简称"技术差距论",又称为"新贸易理论",是美国经济学家波斯纳于 1961 年在一篇题为《国际贸易与技术变化》的论文中提出的。他认为国与国之间同一种产业技术发展水平的差距,是产生互利贸易的重要原因。

该理论认为,除了劳动和资本投入的差别之外,还存在技术投入上的差别。技术领先的国家进行技术创新之后,研制新的产品并向国外出口。国外进口国通过技术合作、跨国公司的对外直接投资等途径掌握了这些高新技术,并进行模仿生产,从而减少这些产品的进口。到此,技术领先国的创新利润完全消失,但它不断地创新,研制更新的产品和工艺流程,从而又制造新一轮的技术差距,如此周而复始,循环下去。

新贸易理论还认为,一个国家通过补贴、进口限制使其国内有成本优势的某种产品的生产达到国际市场竞争所要求的规模,然后取消补贴和进口限制,就有可能建立某一产品在国际市场上的竞争优势。这一理论为国家实施出口补贴、关税等所谓的"战略性贸易政策"找到了根据,但很快受到了强烈的批评。克鲁格曼认为,只有在有战略性需要的时候,实施出口补贴才有意义。长期、大面积地实施出口补贴或刺激出口的政策,会带来许多的负面影响,从而走向政策制定者意图的反面。

（三）竞争优势理论

竞争优势理论也叫要素差异理论，是哈佛大学管理学教授迈克尔·波特创立的，是指在市场竞争中所表现的超过竞争对手的优势所在及其表现形式。

波特认为，分析竞争的基本单位是"产业"。产业是由一群企业以产品生产或劳务服务直接进行竞争的。企业凭借竞争战略在其所属产业中建立竞争地位，持续经营。企业选择竞争战略主要考虑两个要素：一是企业所属的产业竞争的结构特征，二是企业在某个产业中的定位。不同产业其竞争结构不同，竞争特点不同，盈利性表现不同。即使在同一产业中，不管该产业的盈利性如何，如果企业的定位不同，其盈利表现也不同。

企业定位的核心就是"竞争优势"。一般来说，企业可以将自己的竞争优势建立在两个不同的层次上，即低层次的竞争优势和高层次的竞争优势。低层次的竞争优势是一种"低成本竞争优势"，而高层次的竞争优势则是一种"产品差异型竞争优势"。低成本竞争优势通常有如下几个方面：特殊的资源优势（较低的劳动力和原材料成本）、其他竞争者使用较低的成本也能够取得的生产技术和生产方法、发展规模经济。而产品差异型竞争优势则建立在通过对设备、技术、管理和营销等方面进行持续的投资和创新而创造更能符合客户需求的差异型产品上。

第二节　产业竞争力的影响因素

一些学者从理论及实践出发对产业竞争力的影响因素进行了一系列有益的探索，提出了一系列的产业竞争力模型。

一、产业竞争力模型

如果仅从产业的市场竞争角度来考虑，直接影响到产业市场竞争的因素可以归结为两个方面：一是成本，二是产品的差异性（质量、性能、品种、品牌、服务等）。所以，市场竞争的手段也分为两类，即价格竞争和非价格竞争。但事实上并没有这么简单，产业竞争往往涉及经济、社会、文化、政治等各个方面。因此，经济学家研究了几种不同的产业竞争力模型。

（一）国家钻石模型

国家钻石模型是美国哈佛大学教授迈克尔·波特在对许多国家的产业国际竞争力进行研究后提出的产业竞争力模型，即一国特定产业是否具有国际竞争力取决于六个因素：生产要素条件，国内需求条件，相关产业和支持产业的状况，企业战略、企业结构与同业竞争，政府政策，机会。其中，前四个因素为关键因素，后两个因素为辅助因素。这六个因素相互作用构成了著名的产业国际竞争力的"国家钻石"。

（二）波特-邓宁理论模型

波特-邓宁理论模型，是1993年英国经济学家邓宁在波特的钻石模型的基础上，将"跨国公司商务活动"作为第三个辅助因素纳入"钻石模型"后形成的关于产业竞争力的理论模型。

1993年，邓宁对波特的钻石模型进行了修改。他认为，波特没有充分考虑跨国公司与"国家钻石"间的关系。在跨国公司的技术和组织资产受"国家钻石"配置影响的同时，跨国公司会对国家来自资源和生产力的竞争力给予冲击，因此，他将"跨国公司商务活动"作为第三个辅助因素纳入"钻石模型"，形成了波特-邓宁理论模型，即七要素理论模型。

（三）双重钻石模型

美国学者穆恩、鲁格曼和沃伯克在对新加坡、韩国经济进行研究时发现，在全球化和经济一体化日益发展的今天，"跨国经营"成为推动一国经济，尤其是小国经济发展的重要力量，对一国产业国际竞争力的提高有重要的作用，如果仅仅将"跨国经营"作为一个外部因素，并不能充分体现"跨国经营"的这一作用。于是，他们企图通过构建"国内钻石"和"国际钻石"这种双重钻石来解决这一问题。

他们在对该模型的有效性进行检验时发现，韩国比新加坡有"更大"的"国内钻石"（不考虑跨国公司的经营活动），但新加坡比韩国有"更大"的"国际钻石"（考虑跨国公司的经营活动），如果只考虑"国内钻石"，那么韩国比新加坡更具有产业国际竞争力，但如果综合考虑"国内钻石"和"国际钻石"，那么新加坡比韩国更具有产业国际竞争力。

(四)"九要素模型"

"九要素模型"是韩国汉城国立大学学者乔东逊于1994年以韩国经济发展为实例所建立的关于欠发达国家和发展中国家的产业国际竞争力模型,即产业的国际竞争力取决于工人、政治家和官僚、企业家、职业经理人、工程师五个要素,及商业环境、资源禀赋、相关产业支持、国内需求四个要素。

乔东逊的"九要素模型"将产业国际竞争力的决定因素分为两大类:一类是"物质"要素,包括资源禀赋、商业环境、相关支持产业、国内需求;另一类是"人力"要素,包括工人、政治家和官僚、企业家、职业经理人、工程师,他们创造、激发和控制四个物质要素,促进一国经济的发展和产业国际竞争力的提高。

波特的"钻石模型"对解释诸如美国、日本、德国和英国等发达国家的产业竞争力来源具有很强的说服力,但是对欠发达国家和发展中国家而言,它们的现实经济并不必然具备与波特"钻石模型"相称的国内经济环境。因此,为了说明欠发达国家或发展中国家的产业国际竞争力的决定因素,乔东逊以韩国经济发展为实例对此做了初步研究。结果表明,韩国经济增长的关键动力在于受到良好教育的、充满活力的和富有献身精神的"人力"要素,他们是韩国产业国际竞争力的决定性因素,在韩国经济起飞过程中起中心作用。然而,韩国经济的劣势在于缺乏资本、技术和足够大的国内市场等"物质"要素。这就要求政府和企业从国外引进资本和技术,去开拓国外市场,去创造影响经济增长的资源要素和其他方面的要素。

当然,无论哪一种模型都不是完美无缺的,对于处在不同经济发展阶段的不同国家,分析的方法不可能一成不变。

二、产业竞争力的决定因素

从上面的模型分析来看,我们可以将决定或影响产业竞争力的主要因素概括如下:

(一)高级生产要素

生产要素指的是一个产业进行生产活动所必须具备的最基本的物质条件以及投入要素。与一次生产要素相比,进阶要素更多的是指人力资本要素;它包括自然资源、气候、地理位置、非技术性人才、资金等。现代市场竞争的现实表明,高层次的生产要素对产业竞争的作用日益增强,而低级的生产要素对产业竞争的作用逐渐减弱。基于高级生产要素的产业竞争力,不但可以降低其产品的成本,还不容易被对手模仿,所以它是一种持久的、高水平的竞争优势。

(二)苛刻的国内需求条件

任何一种工业都是以满足本国市场为第一位的。强劲的国内需求不但对构建国际竞争优势有帮助,而且其需要的品质比需求的规模更为重要。如果一个国家的买家拥有世界上最成熟和苛刻的商品和服务,那么这个国家的企业将会获得竞争优势。因为成熟和苛刻的买家会促使企业提高标准,促使企业不断改进、创新,提高竞争力。

(三)相关和支持产业的状况

一群在地理上相互靠近、在技术上和人才上相互支持并具有国际竞争力的相关产业和支持产业形成的产业链,是国际竞争优势的重要来源。

(四)企业战略和激烈的国内竞争

真正能够形成国际竞争优势的,是企业的发展战略。因为,在企业的经营管理层次上,企业之间的激烈竞争,以及优秀企业在竞争过程中的相互学习,已经使竞争性企业之间的差异变得非常小,而企业之间真正不容易被学习和模仿的差异,是企业的竞争战略和发展战略。

(五)制度与体制

适当的制度设计和创新将直接影响产业的发展,同时,相应的制度环境也会对产业的发展造成一定影响。

(六)政府的相关政策

政府的首要角色是维护国家的宏观经济与政治的稳定;第二种角色是提高一个经济体的微观经济(即企业)的总体能力,例如人才的培养、硬件的适当建设、经济信息的准确性和时效性;第三种角色是制定经济运作的规范,比如竞争政策、经济法律和规章等。

（七）机会

通常情况下,机会大多来自企业的外部。其中,最有可能产生机遇,并对行业竞争产生影响的因素,主要包括:基本技术的发明创新,国际国内市场的变化,国际国内政府的重大决策,以及战争等。例如,在美国、德国等国家,在微电子技术问世之后,它们在传统的电子行业中的垄断地位被打破了,日本等国家抓住这个机会,利用它们的新技术,在竞争中占据了主导地位。

第三节　产业竞争力评价

产业竞争力是一个由多种相互联系、相互作用的要素构成的有机整体,是一个复杂的系统,单个指标的逐一分析显然是不够的,因此建立一个科学、合理、结构完整、逻辑清晰的指标体系是非常必要的。

一、国际竞争力评价的主要理论体系

目前国际上应用比较广泛的竞争力的评价理论体系主要有四个:瑞士洛桑国际管理发展学院的评价体系、世界经济论坛的评价体系、荷兰格林根大学的评价体系以及联合国工业发展组织的评价体系。前两种主要侧重于国际竞争力评价,后两种主要侧重于产业竞争力评价。

（一）洛桑评价体系

瑞士洛桑国际管理发展学院(IMD)的国际竞争力理论以市场经济理论为依据,运用系统科学的统计手段,从经济运行、事后结果和未来发展的潜能,包括决定经济运行的各种客观因素和体制、管理、政策及价值观念等主观因素的研究出发,立足于对一国经济运行和经济发展的综合竞争力做出系统全面的反映和评价,把国际竞争力定义为一个国家在世界市场经济竞争的环境和条件下,与世界整体中各国的竞争比较,所能创造增加值和国民财富的持续增长和发展的系统能力水平。基于这一概念,其在世界整体竞争发展的基础上,设计包括300多项计量指标的科学评价体系,以年度为单位,系统评价和反映世界各国的国际竞争力水平,为分析世界国际竞争力发展格局、变化趋势及各国制定竞争发展战略提供客观依据。

（二）世界经济论坛评价体系

世界经济论坛，即达沃斯论坛，是以研究和探讨世界经济领域存在的问题、促进国际经济合作与交流为宗旨的非官方国际性机构，总部设在瑞士日内瓦。论坛因每年年会在达沃斯召开，故被称为达沃斯论坛。达沃斯是瑞士东部的一个城镇，人口 10000 人左右。

世界经济论坛对竞争力的描述为"决定一国生产力水平的一整套制度、政策和因素"；其评价标准涵盖 12 项因素，包括社会制度、政府效率和透明度、基础设施、劳动力市场效率、技术创新、卫生和教育、市场规模，以及宏观经济环境等。其数据主要来自联合国、世界银行、国际货币基金组织及世界经济论坛在全球进行的相关调查等。

（三）荷兰格林根大学的评价体系

产业竞争力着重强调三个重要因素，第一个因素是价格水平，第二个因素是生产率，第三个因素是质量水平，这三个关键因素都离不开生产效率与生产成本的相互作用。在进行评价过程中，需要充分考虑不同的地区不同的行业门类，需要将这些不同门类的行业按照同一分类获取可比数据，然后将这些可比数据转化为主要参数，通过这些参数来体现是否具备产业国际竞争力。这些参数包含相对价格水平、生产率、质量水平、品牌竞争力等，相对价格水平是指劳动力投入水平、支出相对水平、生产效益相对水平等；生产率是指技术生产率、工艺生产率、劳动生产率等；质量水平是指产品的附加价值、产品的质量水平等；品牌竞争力是指品牌的创收能力、品牌的市场占有率、品牌的影响力、品牌开拓市场的能力、品牌的价值感、品牌的发展潜力等。这一评价体系与前述两个体系有着很大区别，区别在于能够使不同地区的产业分类，实现同一体系，这在很大程度上保证了数据指标的准确性。

（四）联合国工业发展组织的评价体系

联合国工业发展组织专为各个国家的政府、机构、企业等所面临的工业问题提供一系列的服务，尤其是面临经济竞争方面，能够提供一系列的解决方案，在很大程度上起到了援助的作用，旨在通过工业化合作促进该国家经济发展。因为其是在国际范围提供相关经济服务，所以在 1985 年成为具有国际性的联合国专门机构。

联合国工业发展组织的使命是帮助所要服务的国家加速发展,最大限度地促进工业化进程。为此,其建立了一套系统的指标体系,该体系着重于分析各个国家的工业竞争力,主要分为四项指标。这四项指标着重于测量该国家制成品行业竞争力与国际竞争力,主要分为制成品技术的比重、劳动力成本、人均制成品成本、制造业附加值等。其将这四项指标转化为详细参数,从而得出各个国家工业竞争力指数。

二、我国产业竞争力评价指标体系

(一)指标体系的构建

根据目前产业发展的状况和特征及产业竞争力各个方面的相互关联,下面介绍一种比较适合评价我国产业竞争力的指标体系。这个产业竞争力(主要指国际竞争力)的指标体系由 4 个一级指标、20 个二级指标、314 个三级指标构成。

(二)指标体系的内涵

1. 显示竞争力

这是一个反映竞争力结果的指标,主要包括盈利能力和市场竞争力 2 个二级指标。一个国家某一产业的竞争结果,可以通过该产业的国际市场占有率和盈利率来表现。产业的盈利率指标不容易获得,通常用市场占有率来代替盈利率,因为一般认为,国际市场占有率越高,就越能提高盈利水平,就越具有国际竞争力。

(1)盈利能力。盈利能力主要包括增加值、劳动生产率和资本利润率 3 个三级指标。

①增加值。产业内进口物品金额与加工后出口物品金额之比,可以体现产品增加值率和本地化水平。

②劳动生产率。其是指劳动者在一定时期内创造的劳动成果与其相适应的劳动消耗量的比值。

全员劳动生产率 = 工业增加值／全部从业人员平均人数

③资本利润率。资本利润率也称资本金利润率,是企业净利润与企业主

权资本的比率。

主权资本,又称权益资金、权益资本,是企业依法筹集并长期拥有、自主支配的资本。我国企业主权资金包括实收资本、资本公积金、盈余公积金和未分配利润,在会计中称"所有者权益"。

$$资本金利润率 = 企业净利润 / 企业主权资本 × 100\%$$

(2)市场竞争力。其主要包括市场占有率、贸易竞争力和显示比较优势3个三级指标。

①市场占有率。其又叫市场份额,是指在特定的时间内某产业产品在同类产业市场销售中占的比例。国际市场占有率高,国际竞争力就强;反之,则弱。

②贸易竞争力指数。它也称为"可比进出口指数",一国进出口贸易的差额占进出口贸易总额的比重,即贸易竞争力指数=(出口额−进口额)/(出口额+进口额)。

③显示比较优势指数。这是一个国家某种商品的出口值占该国所有出口商品的份额与世界该类商品的出口值占世界所有商品出口总值的份额的比例。

2. 产品竞争力

这是反映产品竞争力直接因素的指标集,主要包括产品的价格竞争力、质量竞争力和品牌竞争力3个二级指标。

(1)价格竞争力。价格竞争力是指产品价格降低导致需求增加的能力。在同一市场上,产品的价格竞争力可以从产品价格的高低和产品销售量的大小来考核。价格越低,销售量越大,就具有较强的竞争力。

根据以上原理,比较不同国家生产的相同的产品在同一市场上的销售价格,可以说明各国产品之间国际竞争力的差异。如果国产产品价格非常低廉,出口加工加上国际运输等费用后,仍然低于国际市场同类产品的价格,那就是具有出口竞争力。如果国产产品虽然不具备出口竞争力,但是可能在国内市场上低于进口产品的价格,这就具有国内竞争力。

(2)质量竞争力。质量竞争力是竞争主体以卓越质量赢得优势的能力。较高质量的产品具有较强的竞争力,并且能够获得较高的附加价值。质量竞争力可以从两个方面进行考核,即产品能够满足不同消费者的能力和产品的附加值水平。

(3)品牌竞争力。品牌竞争力是在品牌竞争过程中表现出来的比较能力,如产品的质量、价格、市场占有率等。品牌竞争力可以从产品的产业化水平和产品的识别标志水平两个方面来考核。

3. 要素竞争力

这是从产业内考察的反映产业竞争力间接因素的一个指标集,主要包括资源竞争力、资本竞争力、技术竞争力、人力资本竞争力 4 个二级指标。

(1)资源竞争力。其主要包括相关资源拥有量和资源开发与转化能力 2 个三级指标。一个国家如果有良好的自然资源,那么就可以充分发挥资源的比较优势,从而增强竞争力。

(2)资本竞争力。其包括产业资本的形成、资产投资强度和产业吸收投资的能力 3 个三级指标。产业资本的形成或积累是产业竞争力的重要因素。产业资本的形成不仅使生产力水平获得大幅度提高,更重要的是随着资本的形成所引起的产业技术进步的加速,导致生产的专业化、资本的进一步开发和利用,使生产效率提高、成本下降,从而竞争力增强。

(3)技术竞争力。其包括研究开发人员强度、研究开发经费强度和专利数比重 3 个三级指标。一国的科学技术竞争力主要体现在将现有的技术资源通过研究开发活动而变成现实生产力的能力。

(4)人力资本竞争力。其主要包括大专以上学历的劳动者的比重、工人素质(可以通过综合知识面,如文盲半文盲所占比重来考核)和企业家素质(可以通过知识水平,如学历等考核)3 个三级指标。

4. 环境竞争力

环境竞争力主要包括相关产业竞争力、制度环境竞争力和市场环境竞争力 3 个二级指标。

(1)相关产业竞争力。其主要包括相关产业产出总值和相关产业指数 2 个三级指标,这两个指标都可以通过相关产业指数表现出来。

相关产业指数是指本国某一产业的相关产业的总产值占全国产业总产值的比重与世界上该产业相关产业的总产值占全球总产值比重的商。

该指数>1,表明该国某一产业的相关产业具有较强的竞争优势,相反,如果该指数<1,则表明具有较弱的竞争优势。

(2)环境竞争力。其主要是指政府的产业政策。制度环境是由政府营造的有助产业发展的政策、体制、法律、法规等宏观环境。

（3）市场环境竞争力。其主要包括市场秩序完善程度、市场竞争结构和国内外需求条件 3 个三级指标。市场机制作用的正常发挥及国内外市场需求水平和结构的变化,对产业竞争力的提升具有重要的影响。

第四节　提升产业竞争力的途径

当今世界,随着经济全球化的发展,区域经济一体化的进程也在如火如荼地推进,产业竞争力成为推动国家或区域经济社会发展的重要源泉。如何提升国家或区域的产业竞争力也成为摆在我们面前的一个重大的理论及实践课题。

一、大力推进产业链式发展

产业链是产业经济学中的一个重要概念,是指各个产业部门间基于一定的技术经济关联,并依据特定的逻辑关系和时空布局关系客观形成的链条式关联关系形态。产业链是一个包含价值链、企业链、供需链和空间链四个维度的概念。这四个维度在相互对接的均衡过程中形成了产业链。

产业链式发展就是通过产业链的构建,加强企业间的产业技术联系和市场交易关联,促进资源、信息、效益共享的产业发展模式。区域经济发展中的产业链式发展就是通过对所在区域原有产业链的整合和延伸,优化产业链结构,并以此深化区域产业化分工和专业化发展,最终实现产业竞争力的提升。

产业链式发展首先是要构建产业链。要探讨城乡之间、区域之间产业的分工合作、互补互动、协调运行等问题。在经济实践中不少地区也在进行产业链构建与延伸的积极尝试。

其次是要整合企业。整合企业可分为横向整合、纵向整合以及混合整合三种类型。横向整合是指通过对产业链上相同类型企业的约束来提高企业的集中度,扩大市场实力,从而增加对市场价格的控制力,获得垄断利润。纵向整合是指产业链上的企业通过对上下游企业施加纵向约束,使之接受一体化或准一体化的合约,通过产量或价格控制实现纵向的产业利润最大化。混合整合又称为斜向整合,是指和本产业紧密相关的企业进行一体化或是约束,它既包括了横向整合又包括了纵向整合,是两者的结合。

最后是要以园区为载体促进产业链式发展。从 20 世纪 80 年代设立经济特区以来，截至 2017 年上半年，仅国家级开发区总数就达 429 个，其中有 7 个经济特区、19 个国家级新区、11 个自贸试验区、219 个国家级经济技术开发区、156 个国家级高新技术产业开发区、12 个国家综合配套改革试验区、5 个国家级金融综合改革试验区。可以看出，尽管存在经济条件方面的差异，以园区来带动发展已经成为一些地方经济发展的主旋律，而各类园区的建立确实为所在地的经济发展带来了诸多好处。

目前，我国地方经济的发展对单个企业的作用越来越淡化，而对企业之间的关联越来越重视。在实践中，越来越多的省、市、县政府部门开始明确提出把构建本地区若干条产业链作为重大经济发展战略加以实施。地区经济发展的好坏已经由过去的是否拥有若干大型企业逐步转向地区是否具有完整的产业链条，并且产业链条的类型、规模是否与本地区的发展相匹配上来。因此，把产业链作为发展经济的核心，从产业链的角度来谋求地方经济发展，正在日益受到地方政府的重视。

二、大力推进产业集群发展

产业集群是指在特定区域中，具有竞争与合作关系，且在地理上集中，有交互关联性的企业、专业化供应商、服务供应商、金融机构、相关产业的厂商及其他相关机构等组成的群体，即一定区域内相关产业的集中。

大力推进产业集群发展，一是要转变思想观念，不断实现从生产要素供给向市场化推进的转变，同时要完善社会化服务体系，为产业集群的发展创造宽松、高效的发展环境；二是要打破现有的行政地域条块分割，为产业集群的发展提供良好的市场环境；三是要立足本地产业的资源禀赋和比较优势，培育好根植于本地特色的产业集群；四是要强化人才作用，大力引进人才，规范人才市场。

三、大力推进定制化生产发展

定制化生产是网络时代的产物，主要是为了满足顾客的个性化需求。"互联网+"及其相关技术，如大数据、物联网，从虚拟网络的角度改变了生产企业与消费者的传统关系，也使得私人定制成为可能。定制化已经成为制造行业的现行发展趋势。一些人认为未来几十年的生产是朝着智慧化、个性化和定制化的方向发展的。

　　由于客户群体的复杂性,在定制化生产过程中,不同客户之间需求类型上的差异性和需求总量上的微型化,使得企业需要在产品生产和销售的不同环节中适应这种样式多、批量小的模式变化。为客户提供更加个性化的服务,以满足其个人需求是定制化生产的基本理念,所以根据所要面对的客户群体的不同,定制化生产分为工业组织市场的定制化生产和普通消费者市场的定制化生产两大类。前者存在于供应商与订货商之间,如波音公司在进行新型飞机的生产时,会将飞机的设计要求和成本限制发给供应商,要求其生产活动按照飞机的设计标准进行组织;后者存在于供应商与普通消费者之间。面向工作组织的定制化生产一般是以产品为协作主线的,下游企业将产品的制作要求和成本限制提供给上游企业,然后双方通过对产品设计、开发和生产进行协作,上游企业为下游企业生产满足其要求的产品零配件。由于传统生产条件下的大规模标准化生产方式已经不能够适应新时代消费者多样化、个性化的要求,生产者要按照顾客可以接受的交货时间、价格、样式等,来为顾客提供个性化的产品。

四、大力推进安全生态产品生产

　　传统经济的发展模式过多地依赖对资源的掠夺性开采及建立在环境破坏与压低资源价格的基础上,在此基础上所形成的产业竞争力是不可持续的。随着人们的环保意识、生态安全意识的增强,以及人们对宜居环境、生活环境、饮食安全环境的追求,世界上的各个国家不得不加强对环境的规制,安全产品、生态产品等成为产业具有竞争力的重要指标。总之,产业更生态、产品更安全将会成为产业竞争力的重要内容。

　　当然,除了以上途径,加大企业科研经费的投入、提高企业研发人员的数量与质量、提高企业管理水平等,也是提高产业竞争力的重要途径。

第五章 产业关联

第一节 产业关联概述

产业结构理论主要是从"质"的角度来揭示产业间的技术经济联系与联系方式发展变化的规律,产业关联主要是从"量"的角度揭示国民经济各产业间的技术经济联系方式,即产业间的投入与产出的量化比例关系。

一、产业关联的概念和特征

(一)产业关联的概念

产业关联指的是社会再生产过程中,国民经济中各产业部门之间通过投入品和产出品形成的各种形式的技术经济联系。这种经济联系既包含直接形式,也包含间接形式。

(二)产业关联的特征

第一,各种产业之间通过产业关联进行技术联系。技术联系就是指不同产品在投入和产出的生产过程中形成的一种在实物层面上所表现出的数量关系。如1吨铁矿石可以生产出多少钢铁,1千克棉花可以生产出多少匹布,这种数量关系就是实物形态下对产业的投入与产出关系的具体反映。

第二,各种产业之间通过产业关联进行经济联系。产业间的经济联系主要指的是产业的投入产出在成本和价值层面的反映,即产品在价值层面上所表现出的数量关系。如100美元的铁矿石可以生产出多少美元的钢铁。

第三,产业关联是一种产业间的投入产出关系。投入和产出是一种并存的关系,某一产业对另一产业进行投入,则另一产业需要对这一产业或是其他产业进行相应的产出。

第四,产业关联是一种产业进行经济分析的方法,所以产业关联分析也叫作投入产出分析。产业关联分析是通过定量分析的方法对上下游产业之间在投入和产出方面的相互作用,以总结产业在结构演变中的一般规律,从而为产业发展政策和未来发展方向的制定提供一定的依据。

二、产业关联方式

产业关联方式是指不同产业之间以各种投入和产出为连接纽带的技术经济联系的特定方式。产业关联所要揭示的就是,不同产业是以何种形式联结成为一个运动的有机整体。根据产业关联理论,产业间的关联方式主要有以下三种类型。

(一)单向关联和多向循环关联

产业间单向关联是一系列产业间,先行部门为后续部门提供产品和服务,而后续部门的产品和服务不再返回先行部门的产业联系方式,其特点是产品在各相关产业间不断深加工,最后脱离生产领域进入消费领域,因而投入产出的联系方向是单一的。

多向循环关联是先行部门为后续部门提供产品和服务,后续部门的产品和服务又返回先行部门,其特点是各相关产业间的投入产出是互相依赖、互相服务,从而形成一种循环的联系方式。例如,"电力工业—钢铁工业—机械工业"就属于这种联系方式,电力工业为钢铁工业提供电力,钢铁工业又为电力工业提供钢材。

(二)顺向关联与逆向关联

产业间的顺向关联是指某些产业的生产工序存在先后顺序,某些产业的产品和服务是另一些产业的生产要素投入,而另一些产业的产品和服务又是其后一些产业的生产要素的投入。如此一直延续下去,直到最后一个产业的产品,即最终产品为止。如"棉花种植业—棉纺织工业—服装工业"就属于这种联系方式。又如"勘探行业—采矿行业—机械行业—工业制成品",从勘探行业直到最终产品——工业制成品进入市场,形成了完整的产业间顺向联系。

产业间的逆向关联是指某些产业的生产工序存在逆向顺序,某些后续的产业部门为先行产业部门提供产品和服务,作为先行部门的生产要素投入,如"冶金行业—机械行业"之间就存在逆向关系。

(三)直接关联和间接关联

产业间的直接关联是指两个产业间存在着直接提供和被提供产品、服务、技术等方面的联系。例如,钢铁工业直接为机械工业提供产品和服务,棉花种植业直接为棉纺织业提供产品,它们之间的联系就是直接联系。上述所说的单向、多向循环,顺向、逆向联系中的相邻两个产业间的联系都是直接联系。

产业间的间接关联是指两个产业间以其他产业为中介而产生的技术经济方面的联系。例如,上述的采矿业和机械行业通过冶金行业产生技术经济联系,棉花种植业通过棉纺织业同服装工业产生技术经济方面的联系等。

第二节　产业关联分析的基本工具

产业关联分析最基本的方法是里昂惕夫创立的投入产出法。该方法可以有效地揭示产业间技术经济联系的数量比例关系,因此,产业关联理论也常被称为投入产出理论。

一、投入产出法

(一)投入产出法的概念

投入产出法既是产业关联分析的基本方法,也是研究国民经济体系中或区域经济体系中各个产业部门间投入与产出的相互依存关系的数量分析方法。

里昂惕夫是投入产出分析方法的创始人。投入产出分析为研究社会生产各部门之间相互依赖关系,特别是为系统地分析经济内部各产业之间错综复杂的交易提供了一种实用的经济分析方法。1973 年,里昂惕夫因在投入产出分析中所做出的先驱性贡献而获得诺贝尔经济学奖。

投入产出分析的特点和优点是能够用来研究实际经济问题。它是从数量上系统地研究一个复杂经济实体的各不同部门之间相互关系的方法。这个经济实体可以大到一个国家,甚至整个世界,小到一个省、市或企业部门的经济。进行经济预测,是投入产出法最广泛的应用。研究某项经济政策的实施将对社会经济产生什么影响,也是投入产出分析的重要应用。投入产出分析还可用于一些专门的社会问题研究,如环境污染问题、人口问题、世界经济结构问题等。任何一种产品均可以从生产和使用的角度分别加以考量,从生产角度来考量,可以分析该产品在生产过程中对不同部门产品的投入情况;从使用角度来考量,可以分析该产品在不同部门中的使用去向和使用情况。

1973 年,瑞典皇家科学院在祝贺里昂惕夫获得第五届诺贝尔经济学奖的贺词中这样写道:投入产出分析为研究社会生产各部门间的相互依赖关系,特别是系统地分析经济内部各产业之间错综复杂的交易提供了一种实用的经济分析方法。事实表明,投入产出分析不只在各种长期及短期预测和计划中得到了广泛的应用,而且适用同一经济制度下的预测和计划,无论是自由竞争的市场经济还是中央计划经济。

(二)投入产出的内涵

投入产出的"投入"是指用于生产过程中的各种劳动力、资金、生产材料等。在这一过程中,有前期投入、中期投入、后期投入等,前期投入是指生产过程中所需要耗费的生产材料与资金,中期投入是指所需要耗费的相关服务项目;后期投入是指使产品增值的耗费,这种耗费能够创新产品价值,使产品更具有一定的价值感。

投入产出的"产出"是指生产过程中,制成的产品使用流向与使用数量。在这一过程中,涵盖中间产出、后期产出,所谓中间产出是指通过进一步加工而用于其他用途的产品,后期产出是指在规定的时间内,最终到消费者手中的产品,通常是指用于出口的产品,其均属于最终产品。

投入产出分析是现代经济问题研究中使用较多的一种分析方法。它依据新古典经济学的一般均衡理论,对各种错综复杂的经济活动之间数量上的相互依赖关系进行经验分析。在研究过程中,它把一个地区、一个国家,甚至整个世界的经济活动视为一个完整的系统,力图根据观测到的经验数据描述产业经济体系的运行状况。这种方法最初是从各国对国民经济各部门的活动进行统计和计量中产生的。投入产出法就应用于国民经济体系中的产业联系分析来说,是通过编制棋盘式的投入产出表和建立相应的线性代数方程体系,构成一个模拟现实国民经济各产业部门产品的相互"流入"和"流出"的社会再生产过程的经济数学模型,并以此来分析各产业间的各种重要比例关系。

二、投入产出表

投入产出表是表现国民经济活动中多部门之间相互依赖关系的一种方法。投入产出表作为一种产业关联的分析工具,是建立在对产业间的技术经济联系进行了一定的简化和假设的前提上的。其假设前提主要有产业活动的独立性、产业产出的单一性、规模报酬的不变性、技术的相对稳定性、价格系统的公正性等。

投入产出表和投入产出模型是产业关联分析的基本工具,包括实物型和价值型两种类型。产业关联理论所要揭示的各产业间的相互依存关系蕴含在每时每刻大量发生的不同产业的交际活动中,如果仅要描述各种各样的现象也许并不困难,但如果要揭示这些现象发生的规律,要了解那些存在于这些现象背后的原因,则不得不借助一定的分析工具。由里昂惕夫首创,经过世界各国经济学家共同努力发展和完善起来的投入产出表,就为人们进行产业关联分析提供了一种有效的工具。

(一)实物型投入产出表

1. 概念

实物型投入产出表是以产品的标准单位或自然单位计量的,用于显示国民经济各部门间主要产品的投入与产出关系的分析表,即这些主要产品的生产、使用情况,以及它们之间在生产消耗上的相互联系和比例关系。

2. 实物型投入产出表中的平衡关系

实物型投入产出表中的平衡关系式主要有两个:

(1)产品＝中间产品+最终产品。

(2)劳动力总量＝各产品生产所需劳动力数量之和。

(二)价值型投入产出表

1. 概念

价值型投入产出表是用统一货币单位计量的价值形态来显示国民经济各部门间主要产品的投入与产出关系的分析表。

2. 价值型投入产出表中的平衡关系

价值型投入产出表可以按行、按列以及在行与列之间分别建立起平衡关

系,这些平衡关系主要有:

（1）各行的平衡关系

各行的中间产品+各行的最终产品＝各行的总产品。这种平衡关系反映了各产业部门产品的流向（产出）。

（2）各列的平衡关系

各列的生产资料转移价值+各列新创造价值＝各列的总产值。各列的平衡关系说明了各产业部门的价值形成的产出过程,反映了每一产业部门的产出与各产业部门为之投入的平衡关系。

（3）行与列之间还存在如下平衡关系

第一,横行各产业部门的总产出等于相应的同名称的纵列各产业部门的总投入。

第二,最终产品总量等于国民收入总量和固定资产折旧总量之和,即最终需求部分和毛附加价值部分相等。

第三节　产业关联分析的主要内容

产业关联分析的主要内容是关于静态的投入产出模型在产业关联分析方面的应用,是一种静态的分析。以整个国民经济社会再生产的均衡关系为基础所建立的投入产出表及其模型,为一国在一定时期内的社会再生产过程和产业间的联系提供了有力的定量化分析工具。而且,利用这一分析工具更广泛、更有意义的作用在于,能为更深刻认识一个国家的经济现状、探索经济运动规律、预测经济变动结果和制定经济计划提供服务。

一、投入产出结构分析

任何一个产业部门的生产都不能离开其他部门产品的"投入",同样,任何一个产业部门的产品都不仅供自己消费,还以中间产品或最终产品的形式流向其他产业部门。前者是投入结构问题,后者是分配结构问题。

（一）投入结构

投入结构既指的是各产业部门在产品的生产过程中的费用分布结构,也指的是投入产出表中纵列的费用分布。其主要通过中间产品的投入形式,经过一定的转化,从而反映出各产业部门在生产技术方面的联系程度。为更加直观地体现出各产业部门在生产技术上的联系程度,经济学中提出了"投入系数"这一概念,其中更加具体化的"直接消耗系数"可以用来衡量生产技术在各产业部门之间的联系程度。当某一产品发生增长时,其相关的中间产品相应地也会增长,且两者的增长程度也可以通过"投入系数"进行一定程度的量化分析。"投入系数"的提出不仅为国民经济调整各产业部门的结构比例提供了数据标准,也是国家制定经济计划的重要经济参数。而且产业的产品的投入系数也能反映出产业间生产技术联系层面上的变化趋势,从而可以知晓产业在结构上发生了什么样的变动。

(二)分配结构

分配结构又称销路结构,是指各产业部门产品的分配去向,这是产业关系的重要方面。我们通过各产业部门产品的分配系数来度量分配结构。各产业部门产品的分配系数是表示某一产业部门的产品分配使用在各产业部门的比例。分配系数用 d_{ij} 表示,其计算公式为

$$D_{ij} = \frac{X_{ij}}{X_i} = (i = 1, 2, \cdots, n)$$

式中, d_{ij} 为第 i 部门的产品 X_j 分配使用在第 j 产业部门生产用途上的比重,如钢铁产品在机械制造中的比重。

X_{ij} 为第 j 部门购入 i 部门的产品量。例如,生产单位机械需要购入钢铁的数量。

X_i 为各产业部门总产品。

通过分配系数 $X_{ij}(i=1,2,\cdots,n)$ 可以清楚地看出 i 产业部门的产品流向及其比重,从而反映出某产业部门发展受其他产业影响和制约的程度。

(三)产业间的比例关系结构

依据投入产出表的数据,计算以产值为根据的产业间比例关系和计算以净产值或最终产品为根据的产业间比例关系都是轻而易举的。不仅如此,投入产出表及其模型还以大类产业分类的比例关系提供了良好的数量分析基础,如两大部类的比例关系、农轻重的比例关系等。这种数量分析为判别产业之间比例是否协调、合理,以及如何调整提供了有力依据。

二、供给与需求结构分析

中间需求率和中间投入率是反映各产业部门间互相联系、互相依存的两个指标。

(一)中间需求率(产出率)

某一产业因其他产业或是本产业的在投入系数影响下的相关经济活动而产生的产出消耗综合即为中间需求率。也就是各产业对某一产品的中间需求总和与国民经济对该产业部门产品的需求总和之比。

中间需求率是产业部门在中间产品上的需求,当某一产业对中间产品的需求较大时,那么这一产业的中间产品的需求量在产业总需求中的占比会很大,即中间需求率较高。这一类型的产业具有一个普遍的特点,其产出多为原材料,那么就会被其他产业作为原材料的主要来源,即投入产业。这一规律在中间需求率低的产业中同样适用。

(二)中间投入率

中间投入是指由投入系数所决定的某产业在经济活动中从其他产业(包括本产业)得到的投入之和。某产业部门的中间投入率是指该产业部门在一定时期(通常为 1 年)内,生产过程中的中间投入与总投入之比。

中间投入率指标反映各产业在自己的生产过程中,为生产单位产值的产品需要从其他各产业购进的原料在其中所占的比重。

三、产业关联的广度与深度分析

各产业部门间的关联程度,可以从两方面考察:一是考察产业间的联系广度,二是考察产业间的联系深度。

(一)产业关联广度分析

产业关联广度可用直接消耗系数 a_{ij} 来考察与度量:当 $a_{ij}=0$ 时,表明 i 产业部门与 j 产业部门没有直接联系;当 $a_{ij}>0$ 时,且涉及 $j(j=1,2\cdots,n)$ 产业部门越多,则表明第 i 产业部门与其他产业部门的联系就越广,反之亦然。

需要指出的是,当 $a_{ij}=0$ 时,不能断定 i 与 j 两个产业部门没有完全联系。

这时要通过间接消耗系数 b_{ij} 指标来考察与度量,方法与上面一样。事实上,任何两个或多个产业部门之间可以没有直接联系,但有无完全联系则要通过包括间接消耗在内的完全消耗系数 b 是否等于零来断定。

(二)产业关联深度分析

产业关联深度要通过计算投入产出表各列中各自的流量,即产业间的直接消耗量在总的直接消耗量中所占比重的大小来度量。计算公式如下:

$$r_{ij} = \frac{X_{ij}}{\sum\limits_{i=1}^{n} X_{ij}} \quad (i,j = 1,2,\cdots,n)$$

式中,分母 $\sum\limits_{i=1}^{n} X_{ij}$ 为 j 部门生产过程中对各产业部门产品总的直接消耗量;分子 X_{ij} 为 j 部门生产时对 i 产业部门产品的直接消耗量;r_{ij} 为二者之比,也可以称为 j 产业部门对 i 产业部门的联系深度,即产业关联深度系数。当 r_{ij} 值越大,则表明第 j 产业部门在生产过程中对第 i 产业部门产品的消耗量越大,进而说明第 j 产业与 i 产业的联系深度越深,反之则联系的深度越浅。通过所有产业的 r_{ij} 便可以从联系程度的深浅来反映产业间的关联程度。

第四节　产业波及效果分析

产业波及效果分析是一种产业关联的动态分析,即在特定的产业联系状态下,某些产业的发展变化如何通过这种联系影响其他产业的发展。

一、产业波及效果分析概述

(一)产业波及效果

产业波及效果即指产业波及对国民经济产业体系所产生的影响。产业波及指的是国民经济中,某一产业产生的变化会因产业关联的存在转移到其他产业部门中,使得其他产业部门也产生一定的变化。且其他部门也会沿着产业关系链继续传递,但是这种变化的影响强度随着传递的次数的增加会有所减弱。

（二）产业波及源

产业波及效果产生的原因就是产业波及源。对某一产业因变化而引起其相关产业变化的原因进行分析的过程即为产业波及效果分析。产业波及效果的分析主要通过分析两相关的产业部门间变化和影响的过程反映在投入产出表中具体的数据变化。通过研究可以发现，产业波及源可以分为两大类：一类是产业的最终需求有了改变。一个产业的最终需求会影响其自身和其他产业的产出结构，在进行波及效果分析时，主要需要关注的是对产业变化传递过程中这些数据所发生的变化及之后的变化趋势进行统计和分析。由于各产业部门的最终产出与中间产品联系密切，所以产业的最终需求发生变化，中间产品也会随之产生变化。另一类是折旧费和净产值的总和发生了变化，也就是毛附加价值发生了变化。产业的附加价值包括很多项目，如折旧、工资及利润等，某一产业的这些项目发生变化后，会引起其他产业部门的产业发生变化。因产业关联的原因，某一产业的附加价值发生变化后会对其他产业部门的中间产品的产出产生影响。

（三）产业波及路线

某一产业由自身变化引起其他产业部门的变化的总走向即为产业波及变化，由产业波及路线的含义可以看出，它指的就是产业间的联系方式。所以如果不同产业间的联系方式不同，相应的两产业间的波及路线也是不同的，有些产业间的联系是单向进行的，有的则是双向进行的，还有只能逆向进行的。那么不同的产业波及路线会产生不同的产业波及效果。产业波及效果的影响因素，除上面阐述的产业波及路线也就是产业联系方式外，还可以是产业间的联系程度和广度。某一产业的变化程度不论大小，都必将反映在其他产业部门中，且这种影响会随着这一产业结构中每个组成部分进行传递，如生产技术会随着产业间的技术联系进行传递，生产成本会随着产业间的成本联系进行传递，这种影响传递到其他企业后也会在其他企业的技术和成本中产生相应的产业波及效果，这也就形成了技术波及效果、价格波及效果、就业波及效果、投资波及效果等。

二、产业波及效果分析的基本工具

对产业波及效果进行分析，主要使用三个基本工具，除了使用实物型和价值型的投入产出表这一基本工具,还要借助以下两种基本工具。

(一)投入系数表

投入系数表又称为直接消耗系数表,是反映各个产业之间生产技术上的联系的一览表。这个表的着眼点是提示投入产出表纵向的费用结构,即投入结构。当某产业的最终需求发生变化时,该产业的总产出就要相应有所变化,从而该产业的中间投入也会产生相应的变化,中间投入变化的数量是由投入系数决定的。

投入系数 a_{ij} 又称生产技术系数、物质消耗系数,其计算方法如前所述。当所有产业部门的投入系数求出后,便得到一张系数表。

有了投入系数表就有了进行产业波及效果分析的基本工具。例如,某一产业的最终需求要增长30%,则这个产业部门必须增加30%的生产量。为此,它需要增加30%生产量的相应原材料投入量,这样向该产业提供原材料、中间产品的产业就要遵循投入系数的比例增加生产,以满足该产业部门原材料增量新投入的需要。而这些产业的生产投入又使得向它们提供中间产品的另一部分相关产业的生产相应扩大。这样依次以减弱态势波及下去,直至该产业最终需求增长引起的波及效果的连锁反应趋于消失。

显然,某一产业最终需求变化对各产业生产的波及与影响,是通过投入系数表这一工具的指示功能的指向逐层跟踪推进,并随之确定各产业产出的相应变化量。

当然,投入系数表的指示功能并不止于此。通过投入系数表,人们能一目了然地得到各个产业每生产一个单位的产品需要投入多少种原材料这一十分重要的经济信息。从理论上来说,这种波及效果将无限地扩展和持续下去,直至趋向消失。那么有没有办法将这种由强到弱的各级波及效果的总量计算出来呢?也就是说,无论波及是单向还是多向循环,在已知某产业最终需求一定增长量后,能否用一种有效的工具或办法使受波及的各产业的最终产出量得以简明地显示或计算出来呢?回答是肯定的,这种工具就是"逆阵系数表"。

(二)逆阵系数表

逆阵系数表又称为完全消耗系数表。所谓逆阵,是指里昂惕夫矩阵 $(I-A)$ 的逆阵 $(I-A)^{-1}$。逆阵系数表就是指具体的 $(I-A)^{-1}$ 的矩阵,即

$$(I - A)^{-1} = \begin{bmatrix} A_{11} & A_{12} & \cdots & A_{1n} \\ A_{21} & A_{22} & \cdots & A_{2n} \\ \cdots & \cdots & \cdots & \cdots \\ A_{n1} & A_{n2} & \cdots & A_{nn} \end{bmatrix}$$

逆阵系数表的系数就是$(I-A)^{-1}$中的每个元素,逆阵系数表在这里是专门用来计算波及效果总量的系数表。逆阵系数的经济含义是,当某一产业部门的生产发生了一个单位变化时,导致各产业部门直接和间接地使产出水平发生变化的总和。

利用投入产出表、投入系数表和逆阵系数表这三个基本工具进行产业波及效果分析时应注意以下两个问题:

第一,投入系数的稳定性和有效性的问题。投入产出表只是依据过去某一时期产业间生产技术联系的数据而得到的,它反映的是某一时期的产业间的联系,故由此计算的投入系数也只反映过去那个时期产业间的投入状况。随着国民经济的发展、生产技术水平的提高,投入系数必然会发生变化,而且还会随着经济规模的变化而变化。这种变化在短期内不大,但是在较长时期里将有很大的变化。这样,依据过去投入系数分析将来短期的产业波及效果,并不影响分析的准确性和精度。而且在对将来长期的产业波动效果进行分析时,为保证分析的准确性,必须对现有的投入产出系数进行修正和预测,以保证其稳定性、有效性。修正时,要特别注意某些关键性产业部门的工艺技术变革,及技术引进对有关产业部门"投入系数"的影响。

第二,波及效果的时滞现象。产业波及效果的时滞是指某产业最终需求的变动导致其他产业的变动并不立即反映在产出量的变化上。即某产业最终需求变化引起其他产业产出量的变化有一个时间过程,如繁荣时期和萧条时期有不同的表现,这种差异往往是由于"库存"的存在而发生的。这样,由某产业最终需求变动导致的波及效果由于库存的存在而中断或减弱,反过来,当库存不足以满足波及要求的需求增加,而生产又不能马上增加时,需求变动造成的波及效果可能表现为价格的上升。显然,上述库存的缓冲作用表现在投入产出表的最终需求的库存栏里,中间需求、中间投入矩阵是无法反映这种经济变动的。因此在进行产业波及效果分析时,需考虑时滞现象以免得出错误的结论。

三、产业波及效果分析应用

这里讲的产业波及效果分析应用是指对现时的产业间波及效果进行现状分析，基本上不涉及未来情况的预测分析，其实质就是运用逆阵系数从投入产出表提供的数据中引申出有关系数，来认识产业波及现状的有关规律。

（一）感应度系数

在这里，把一个产业影响其他产业的"程度"叫作该产业的影响力，把受其他产业影响的程度叫作该产业的感应度。各产业感应度和影响力的大小分别用感应度系数和影响力系数来表示。

感应度系数表示一产业受其他产业的影响程度。其计算公式用文字表述为

$$某产业的感应度系数 = \frac{该产业横行逆阵系数的平均值}{全部产业横行逆阵系数的平均值的平均}$$

某产业的感应度系数若>1 或<1，表明该产业的感应度系数在全部产业中居于平均水平以上或以下。

（二）影响力系数

一个产业影响其他产业的程度叫作该产业的影响力，影响力系数是一个产业影响其他产业的程度表示。其计算公式用文字表述为

$$某产业的影响力系数 = \frac{该产业纵列逆阵系数的平均值}{全部产业纵列逆阵系数的平均值的平均}$$

某产业的影响力系数>1 或<1，表明该产业的影响力在全部产业中居于平均水平以上或以下。

需要指出的是，各产业的感应度系数和影响力系数，在工业化阶段是不同的。但也有一种趋向，即在工业化过程中，一般重工业都表现为感应度系数较高，而轻工业大都表现为影响力系数较高。

（三）生产诱发系数

生产诱发系数是用于测算各产业部门的各最终需求项目（如消费、投资、出口等）变化对生产的诱发作用程度。通过投入产出表计算得到的相应的生产诱发系数表可以揭示和认识一国各最终需求项目对诱导各个产业部门作用

的大小程度。

某产业的生产诱发系数是指该产业的各种最终需求项目的生产诱发额除以相应的最终需求项目的合计所得的商。用公式表示为

$$W_{iL} = \frac{Z_{iL}}{Y_L} \quad (i, L = 1, 2, \cdots, n)$$

式中 W_{iL} 为 i 产业部门的最终需求 L 项目的生产诱发系数;

Z_{iL} 为 i 产业部门对最终需求 L 项目的生产诱发额;

Y_L 为各产业对最终需求 L 项目的合计数额。

例如,如果投入产出表中农业的消费需求是 642,用逆阵系数表计算出生产诱发额为 1 862,然后,再从投入产出表中查出最终需求的消费项各产业合计 21 374,那么农业的消费需求的生产诱发系数为

$$W_{iL} = \frac{1\ 862}{21\ 374} = 0.0871$$

这个系数的经济含义是,当总的消费增加 1 个单位时,农业将诱发 0.0871 个单位的生产。用同样的办法可以计算农业的投资生产诱发系数、出口诱发系数和农业各最终需求项目合计的生产诱发系数。求出每一产业某项目的最终需求的生产诱发系数,便可得到有关该最终需求项目的一张生产诱发系数表。该表揭示了最终需求项目对各产业部门的生产"诱发"作用的大小。

(四)生产的最终依赖度

生产的最终依赖度是用来测量各产业部门的生产对最终需求项目的依赖程度大小,也就是说,最终需求对各产业生产的直接或间接的影响程度就是生产的最终依赖度。

生产的最终依赖度既包括该产业生产对某最终需求项目的直接依赖。也包括间接依赖。其计算方法是,将该产业各最终需求项目的生产诱发额除以该产业各最终需求项目的生产诱发额之和所得的商,便是该产业对各最终需求项目的依赖度,即依赖系数。用公式表示为

$$Q_{iL} = \frac{Z_{iL}}{\sum_{i=1}^{n} Y_{iL}} \quad (i, L = 1, 2, \cdots, n)$$

式中 Q_i 为 i 产业部门生产对最终需求 L 项目的依赖度;

Z_{iL} 为 i 产业部门最终需求项目的生产诱发额 X_{iL}。

用文字表述该计算方法则是

某部门的生产对各最终需求项目的依赖度 =

$$\frac{消费、投资、出口等的生产诱发额}{该产业各最终需求项目生产诱发额合计}$$

计算每一个产业的生产对各最终需求项目的依赖度,便可得到各产业的生产依赖各最终需求项目的系数表,即最终依赖度系数表。对最终依赖度系数表进行分析、归类,一方面我们可以发现,有些从直接关系上同消费似乎毫无关系的产业部门,最终通过间接关系,竟有相当部分生产量是依赖于消费的,如钢铁,约有 10% 的生产量是间接依赖消费的。另一方面,使各个产业的生产最终依赖消费还是投资,或是依赖出口这一问题一清二楚。据此,可将各产业部门分类为依赖消费型产业、依赖投资型产业和依赖出口型产业等。

(五)特定需求波及效果的预测分析

某种最终需求或工业的生产或扩张,之所以被冠以"特定"二字,是因为它与普通的最终需求和工业生产或扩张有很大的区别,它的输出会产生很大的影响,会对其他工业的生产和发展,甚至会对整个国家的经济发展造成很大的冲击。所以,要想使国民经济中各个工业部门均衡、协调发展,就一定要做好对特殊需求、特殊工业波及效应的预测与分析。这一特殊需要,主要是指由重大工程项目引起的特殊需要。比如,高速公路、铁路、港口、大型钢铁基地、大型化工联合企业、大型居住建设等,这些大型的投资对一个国家的经济造成了很大的影响,而且,这些投资一旦被执行,就会带来很大的需求,进而对其他产业造成直接或间接的影响。如果受到较大波及的行业生产能力得不到适当的发展,如此庞大的投资需求就会造成物资供应严重短缺,物价上涨,甚至会引发和拉动通货膨胀,从而影响投资的预期效果。所以,在进行大规模投资项目的可行性分析时,一定要做好其对国民经济各个行业的影响分析。

对于一个大规模的工程,其影响效应的预报和分析是一种较为简便的方法。一般来讲,预测分析的步骤是:第一,根据行业类别,对这个投资项目需要的成品进行分解;其次,基于以上结论,采用 $Z = (I-A)^{-1} \cdot X_{iL}$ 计算各产业产出的诱导性系数 Z_{iL}。这个生产诱发额就是这个投资项目对其他行业的影响,即这个投资项目的波及效应的预测。

对具有特殊要求的工程进行波及效应的分析与预测,是国家宏观调控的一项重要内容。比如,我们的国家统计局就曾经使用这种方法,对 1988 年以后实施的适度紧缩经济政策和压缩基建投资的各种方案所带来的影响进行了预测和分析,以便为政府制定政策提供参考。

(六)特定产业波及效果的预测分析

对某一行业的影响效应进行预测和分析,实质上就是要把哪一类行业作为主导行业,把哪一类行业作为发展的战略行业。当一个工业部门出现或即将成立时,要了解该行政单位的出现会对其他行业造成怎样的影响,以及会对整个国民经济发展造成多大的负面影响等。对一个行业波及效应的预测分析,既包含了项目本身的波及效应,又包含了项目之后的波及效应,也就是对产品的消费所带来的产品波及效应。通常情况下,对某一行业的影响进行预测和分析,可以分为两种情形:

第一,倘若该国家并没有这一产业,就需要将可以实现这一产业的生产水平作为发展的基础,将其分解到多个产业中,然后再将其作为最终需求,放入模型中进行严格的运算,从而就能得出这一产业对原有产业的影响。

第二,若该国家拥有这种类型的工厂,或者国家境内有此类型工业,且其输入结构基本一致,则可采用一种简单的计算方式,首先在原输入输出表中取反阵列系数表$(I-A)^{-1}$,再取一次反阵列系数。用该行业的纵列各个系数除以该行业的横行和纵列交叉点的系数,即其各个商数值为该行业生产 1 个单位时对其他行业造成的影响。此法可用于确定一种工业对另一种工业的影响系数。

第六章 产业发展

第一节 产业发展概述

产业发展是指产业的产生、成长和进化过程,既包括单个产业的发展,又包括整个国民经济的发展。其具体是指某一产业中企业数量、产品或者服务产量等数量上的变化,也包括产业结构的调整、变化、更替和产业主导位置等质量上的变化等。因此,产业发展是一个由低级到高级,由简单到复杂,由不成熟到比较成熟,由小规模到大规模的演化过程。

产业发展、产业增长、经济发展、经济增长等既有一定的区别又有密切的联系。

一、产业发展的内涵

(一)产业发展的含义

产业的发展涵盖了从产生到成长、繁荣和衰亡的整个过程,同时也包括产业整体的进步。这个过程不仅涉及产业类型、产业结构、产业关联和产业布局的改变,还包括产业组织的变迁、产业规模的扩大、技术的进步以及效益的提升。

产业发展不仅是单个产业从诞生到消亡的现代化过程,也是产业整体从无序走向有序、从不成熟走向成熟、从不协调走向协调、从低级向高级转变的过程。换言之,它是一个产业结构优化、主导产业分阶段发展、产业布局合理化以及产业组织合理化的过程。

产业发展是整个国民经济进化过程的核心,其关键在于结构的变化。经济发展与产业发展紧密相连,产业发展是经济发展的重要基础和必要条件。经济发展包括产业发展,并且以产业发展为前提。产业的繁荣和发展对整个国民经济的发展起着至关重要的作用,因此,对产业发展的研究对于推动国民经济的发展具有重大意义。

（二）经济增长与经济发展

经济增长与经济发展这两个概念之间虽然有根本的区别,但它们之间也有很强的联系。经济增长是指一个国家或地区在一个时期内实际货物和劳务产出的增长。它既可以用国民生产总值计算,也可以用人均国民生产总值计算,前者用来表示一国总的生产能力的扩大,后者用来表示一国扣除人口增长因素后生产水平的提高。如果一个国家的商品和服务增加了,不管从什么意义上,都可以把这一增加看成"经济增长"。

经济发展的含义就要广泛得多,除了产出增长和人均产出的增长之外,它还伴随经济结构(产业结构、就业结构、消费结构等)、政治体制、文化法律,甚至观念、习俗的变革等。一般而言,经济增长是手段,经济发展是目的。经济增长是经济发展的基础,经济发展是经济增长的结果。没有经济增长是不可能有经济发展的。但是,经济增长不一定带来经济发展。例如,韩国自1960年以来发生的变化,与利比亚因石油勘探而产生的变化相比较,有根本的不同。两个国家都发生了人均收入的大幅度提高,但与韩国不同的是,利比亚人均收入的提高主要依靠外国技术组成的外国公司,生产的单一产品石油主要供美国和西欧消费。尽管利比亚政府和人民从石油中获得了大笔收入,但他们本身与这些收入的生产几乎无关,从而出现了有经济增长而无经济发展的现象。

产业既是具有某种同一属性的企业的集合,又是国民经济以某一标准划分的部分,即产业是国民经济的有机组成部分。经济发展包含了产业发展,经济发展的核心是一个结构变迁、不断升级的过程,经济发展是以产业发展为前提和基础的,产业发展是指产业的产生、成长和进化的过程,既包括每一个产业的进化过程,也包括各产业总体的进化过程。显而易见,经济发展的含义要比产业发展的含义宽得多。

（三）产业增长与产业发展

产业发展也不同于产业增长。产业增长单指产业生产能力、经济潜力的增强,或者是指从产出角度来看的产业产出量的提高。产业发展则包含了更广泛、更深刻的内涵。可见,产业发展与产业增长既有联系,又有区别。产业增长是产业发展的前提。产业发展首先是产业产出的增加，它不等于产业增长，但又包含产业增长，没有增长就必然没有发展。因此，如果混淆了二者的区别，则很容易认为产业增长必然会带来产业发展。要想求得产业的发展，首先必须求得产业的增长，并应使增长达到一定的速度与规模。没有增长这个前提和先导，产业发展的各方面都会失去基础。

二、产业发展的主要影响因素

决定和影响产业发展的因素十分复杂，既包括政治、经济、文化、历史等宏观性因素，也包括需求、供给、对外贸易、经济制度及经济发展战略等具体性因素。这些因素相互交织、相互联系，影响和决定产业发展的轨迹。

(一)需求因素

需求主要包括消费需求和投资需求。生产满足需要，需求促进生产，这就意味着需求和需求结构的变动必将引起生产和生产结构的相应变动。而生产结构本质上就是产业结构，因此需求会显著决定和影响产业的发展。

1. 投资结构

投资是企业扩大再生产和产业扩张的重要条件之一。投资结构是指资金投向不同产业方向所形成的投资配置量的比例。投资方向的不同，会直接导致已有产业结构的改变。当投资流向创造新的需求时，将形成新的产业而改变原有的产业结构；当投资流向部分产业时，将推动这些产业以比未获投资的那部分产业更快的速度扩大，进而影响原有的产业结构；当对全部产业投资但投资比例各不相同时，则会引起各产业发展程度的差异，并导致产业结构的相应变化。正因为投资是影响产业发展的重要因素，政府往往采用一定的投资政策，通过调整投资结构来实现产业发展的目标。

2. 积累和消费结构

积累和消费结构实际上反映了投资与消费之间的比例关系。在一定时期内，如果不考虑引进外资等因素，国民收入被视为一个定量，投资和消费之间存在相互消长的关系。也就是说，投资增加时，消费必然减少，反之亦然。当投资比例较高时，与资本资料产业相关的产业将迅速发展，从而导致产业结构的相应调整。而当消费比例较高时，居民消费需求的扩大将刺激生产消费资料产业部门的快速发展，并影响与生产消费资料相关的生产资料产业部门的需求变化,进一步推动产业结构的变动。然而,积累和消费的比例不能随意设定。如果人为地提高积累率,可能会导致消费不足,从而造成有效需求萎缩,最终影响生产发展。同样,如果人为提高消费资金比例,积累不足可能会影响生产发展,导致供给相对减少,无法实现居民消费需求增长的目标。因此,确定这一比例应以实现生产和消费的良性循环和可持续发展为前提,并充分考虑人口、社会文化、经济实力水平、经济发展目标等诸多因素。

3. 个人消费结构

个人消费结构是指个人在衣、食、住、行、文化、娱乐、保健和旅游等方面的消费支出的比例关系。这一比例将直接影响消费资料产业部门的发展,并间接影响给这些产业提供生产资料的生产资料部门的发展,进而影响产业结构的变动。当然,这种变动是有规律可循的。德国社会统计学家恩格尔在大量调查统计的基础上,于1875年发表的名为《萨克森王国的生产与消费状况》的著名论文中,揭示了著名的"恩格尔定律",即随着人均收入水平提高,人们在食物消费方面支出的比重会趋于减少;随着人均收入的提高,人们的消费结构会由以购买食品、衣服等非耐用消费品为主转向购买电视机、音响、洗衣机、电冰箱等耐用消费品,及娱乐、社交和旅游等服务类消费品,从而相应地刺激耐用消费品产业和旅游、娱乐等服务性行业的发展。这种消费结构的转变在改变消费资料产业的内部结构的同时,也改变了整个国家的三次产业结构。

4. 中间需求和最终需求的比例

需求结构中的中间需求和最终需求比例是一个重要的方面。中间需求是指对生产过程中还需进一步投入并转移全部价值的产品的需求,如原材料和零部件等。最终需求则是指对不再需要进入生产过程,可供人们消费或投资使用的产品的需求。中间产品的需求结构决定了生产中间产品的产业的内部结构,而最终产品的需求结构决定了生产最终产品的产业的内部结构。影响中间需求与最终需求比例的主要因素包括专业化协作水平、生产资源利用率、最终产品的性能以及制造技术的复杂程度。当中间需求和最终需求的比例发生变化时,社会生产的产业结构也将随之发生相应的变动。

(二)供给因素

资源供给结构是指自然资源、人力资源、生产技术等资源的拥有状况和各种资源供应价格之间的构成关系。一国的资源供给结构对该国产业的发展与变化有极大的影响。

1. 自然资源

产业发展需要依靠一定的物质基础,这种物质基础就是资源。资源一般分为两类:一类是待开发资源,因开发技术水平限制,而未开发的这部分资源,在未来的产业建设和发展过程中会发挥其重要功效。另一类是已经开发并开始使用的资源,这部分资源的使用和供给情况对产业发展结构具有直接甚至决定性的影响力。在进行产业发展时,为进一步丰富某一产业与本国其他产业的联系,也为了增加其他产业的资金积累,在资源使用方面,会优先开发和使用与本国资源联系更加密切的产业。所以很多国家的优势产业都具有本国的资源特色印记。研究发现,自然资源在一个国家不同的经济发展阶段对其产业结构形成与发展所体现出的影响方式和影响程度也会有所不同,当一个国家的经济水平和技术水平都十分落后时,其产业结构就会全部受资源供给结构的影响。这种影响力会随着国家经济和技术水平的提升而逐渐降低,因为资源缺口会逐渐通过进口的方式进行解决。资源对不同国家的产业结构的影响有所不同,但是可以确定的是,这种影响是真实存在的。

2. 人力资源

人力资源指的是具有生产劳动技能的劳动者的供给量。人力资源一般会从以下两个方面对国家的产业结构产生影响:一是劳动力的综合素质。劳动者是生产力三要素中唯一具有主动性的要素,所以其文化素质、知识结构和生产技能等综合素质会直接影响产业发展,并进一步影响产业结构,产业结构向高阶段发展时需要高质量劳动力在现代技术和知识结构方面所拥有的强劲推动力,而低质量劳动力因自身条件的制约,不具有转移性,所以会对产业结构高度化调整产生一定的阻碍。二是人力资源的供给结构。投资者会根据人力资源结构的不同采取不同的投资方式,劳动力充足且价格较低的区域,更适合建立劳动密集型的产业;而劳动力供给稀缺且价格很高的地区,则更适合发展资金密集型产业。

3. 资金供给

资金供给状况是指可供投资的资金量及其使用价格的状况。若不考虑引进外资因素,一国可供投资的资金规模主要取决于国内储蓄状况,而国内储蓄量的大小又受人民收入水平的制约。一般来说,收入水平低,储蓄倾向就小,可供投资的资金就少,必然会制约产业,尤其是资金密集型产业的发展。这是因为资金供给紧张,会使资金使用的代价,即贷款的利率上升,这样就会阻碍重工业和技术密集型等资本有机构成较高的产业部门的发展;反过来,资金供给充裕,使用成本就会下降,有利于资金流向技术和资金密集型产业,进而推动产业结构的演化和发展。显然,一国产业结构的演变与资金供给状况高度相关,即便引进外资,也会因融资价格的高低而直接影响这些资金的产业投向。

4. 生产技术体系

科学技术是推动一国产业结构变化最重要的因素之一。从技术角度来看,一国的产业结构表现为一定的生产技术结构。生产技术结构的进步与变化会引起产业结构的相应变动。能源利用率的技术水平提高,会使一定规模的加工产业的能源需求量减少,相应地,能源产业部门的供给规模也会相对缩小。新工艺、新技术的出现,会促使新的产业部门产生。与此同时,使用原有陈旧技术、工艺的产业部门会逐渐衰退,尤其是与其他产业部门高度相关的高新技术的出现,会引起一国产业结构的重大变化。例如,大规模集成电路的出现、电子计算机技术的发展,使工业全盘自动化成为可能,也为信息产业的蓬勃发展开辟了道路,进而又推动了电子计算机产业的迅速扩张。

(三)对外贸易因素

随着生产社会化的不断发展,一国与世界其他国家的经济交往活动越来越频繁,这种经济交往活动给该国的产业结构带来越来越重要的影响。对一国产业结构产生影响的对外贸易因素,主要表现在以下几个方面:

1. 进出口贸易

在全球化的背景下,社会分工打破了国家的界限,促进了出口国和进口国在资源、产品、劳务等方面的交流,这就是国际贸易。国际贸易有利于各国发挥自身的比较优势,从而获取更多的利益。国际贸易对产业结构的影响深远。一方面,资源、商品、劳务的出口可以刺激国内相关产业的发展,起到推动的作用。另一方面,对于国内紧缺的资源、劳务,进口可以有效地填补本国生产这些商品的不足。此外,进口新颖的产品不仅可以拓宽本国的市场,而且可以为国内的同类产业发展创造有利的条件。然而,进口也可能对本国的一些产业产生抑制甚至冲击的作用。这就需要人们根据自身的实际情况,合理地调整产业结构,以适应国际贸易的新形势。

2. 国际技术转移

国际技术转移是指通过各种方式使生产技术、技术诀窍等在各国之间流动和转让。成套设备、自动流水线及其先进技术的引进,不但会带来进口国相关产业技术水平的较大提高,而且能够促进进口国新兴幼稚产业的较快成长,即技术转移会对一国产业结构产生影响。第二次世界大战后的日本经济之所以能够迅速实现起飞,一个极其重要的成功经验便是博采众长,引进了欧美国家的先进技术,并加以消化、创新,从而加速了产业结构高度化演进的进程和工业化步伐。改革开放后的中国,也通过引进大量先进、实用的技术,改造了传统产业,促进了一批新兴产业的成长,在产业结构的合理化调整和高度化发展中发挥了重要的作用。

(四)制度、政策与发展战略

许多产业发展模型关注物质生产要素变化对生产率的影响,将制度和政策视为已知的外生变量。制度、政策与发展战略等人为因素在实现产业发展和经济增长方面与其他生产要素存在一定相似性。制度变迁和技术进步的行为主体都以追求收益最大化为目标。制度变迁的成本与收益之比对推动或推迟制度变迁至关重要。在预期收益大于预期成本的情况下,行为主体更有可能推动制度变迁。例如,日本产业政策和外向型经济发展成功的一个重要原因是制度变迁收益与成本之比较小,易于进行,并且充分利用了后发优势,迅速推进产业升级。

(五)环境因素

环境是作用人类的所有自然因素和社会因素的综合。生态环境是人类或生物集团与环境相互作用,通过物质流和能量流共同构成的环境复合体的总称。生态环境能为产业发展提供基本的生产条件和对象,如土地、森林、草原、淡水、空气、矿藏等,同时它又是人类社会生产和生活中产生的废弃物的排放场所和自然进化场所。因此可以说,生态环境是产业发展赖以生存的基础。

在工业化之前的社会中,人们把生态环境看成取之不尽、用之不竭的,任何人都可以无偿使用并且不会损害他人利益的免费物品。进入工业化社会后,随着生产规模的急剧扩大和城市化进程的不断加深,人类对环境资源的需求量日益增加,生产和生活的各种废弃物排放量也越来越多,局部地区甚至超过了环境容量和净化能力所允许的极限,出现了形形色色的环境污染问题和环境资源短缺现象。此时,生态环境对产业发展的制约作用才逐步引起人类的重视,经济学家也开始将环境因素纳入经济发展的分析框架中。可持续发展的思想深刻地影响世界各国产业的整体发展,环保产业成为产业发展中的一个新的经济增长点。

第二节　产业发展的理论基础

产业发展理论建立在马克思的经济增长理论及西方经济学的经济增长理论的基础上。

一、马克思的经济增长理论

马克思经过多年的科学研究,独立地开辟了后来被称为经济增长理论的新领域。马克思从 19 世纪 50 年代末开始研究社会资本再生产问题,到 19 世纪 80 年代初最终完成自己的社会资本再生产理论,经历了 20 多年的漫长过程。马克思在批判地继承古典经济学家有关理论遗产的过程中,逐步形成、发展和最终完成了社会资本再生产和流通理论的科学体系,即经济增长理论的科学体系。马克思创立社会资本再生产理论的过程就是创立经济增长理论的过程。马克思的经济增长理论主要包括以下基本内容。

(一)剩余价值理论

马克思的经典著作《资本论》中,首次提出了剩余价值这一重要概念。简单来说,剩余价值就是雇佣工人在工作过程中所创造的,但最终却被资本家无偿占有的,超过其劳动力价值的那部分价值。这部分价值可以被视为雇佣工人的剩余劳动的结晶,它揭示了资本家和雇佣工人之间存在的剥削与被剥削的关系。其基本观点是:

①资本家向工人支付工资并购买其劳动力后,他们便强制工人进行长时间的工作,从而使货币转化为资本。

②资本家的资本可以分为两部分:一部分用于购买工人的劳动力,也被称为"可变资本",其价值量在生产过程中会发生变化,可以通过工人的劳动来增

加;另一部分用于购买机器设备、原材料和燃料等,被称为"不变资本",在生产过程中其价值量保持不变,仅将原有的价值转移到新产品中。

③工人的全部劳动时间被分为必要劳动时间和剩余劳动时间。必要劳动时间用于再生产工人的劳动力价值,而剩余劳动时间则用于创造新的价值。

④在剩余劳动时间中,工人所创造的新价值被称为剩余价值。

⑤尽管剩余价值是工人劳动的产物,但它却被资本家凭借企业所有权无偿占有,这便是资本家剥削工人的秘密。

⑥为了加强对工人的剥削并赚取更多的剩余价值,资本家通常采用两种途径:一是强迫工人延长劳动时间或提高劳动强度,以绝对增加剩余劳动时间,这种方法被称为"绝对剩余价值";二是通过技术进步来缩短必要劳动时间,即减少工人再生产劳动力价值的时间,从而相对延长剩余劳动时间,这种方法被称为"相对剩余价值"。

(二)社会资本再生产理论

马克思认为,社会资本再生产是一个不断循环运动而实现的社会总资本的再生产。马克思根据使用价值的最终用途,把社会总产品划分为生产资料和消费资料两大类,相应地把社会生产分为生产资料生产(第一部类 I)和消费资料生产(第二部类 II)两大部类。同时,他又把每个部类的产品从价值上划分为不变资本 C、可变资本 V 和剩余价值 M 三个组成部分。不变资本是资本家用于购买生产资料的那部分资本,在生产过程中,借助于工人的具体劳动,把原有价值转移到新产品中去,价值量没有发生变化。可变资本是指用于购买劳动力的那部分资本,在生产过程中由劳动力的使用创造大于自身价值的价值,使预付资本价值量发生了变化。

社会资本再生产运动的核心是实物替换与价值补偿的实现。这两者之间的关系依赖于实物替换的基础。简单再生产需要同时在实物和价值上实现替换和补偿。扩大再生产在简单再生产的物质基础上展开。在第一部类进行扩大再生产时,剩余价值不能完全用于资本家个人消费,而必须进行积累。剩余价值被分为两部分:一部分用于资本家个人消费(以 M/X 表示);另一部分用于积累(即 $M-M/X$)。积累又可以分为两部分:一部分作为追加的不变资本(用 C 表示);另一部分作为追加的可变资本(用 V 表示)。因为 M 的一部分被留作本部类的积累,不能再与第二部类进行交换,所以 $I(V+M) > II C$。同样地,第二部类要进行扩大再生产,M 也必须分为 M/X、C、V 三部分。留作本部类积累的可变资本部分不能与第一部类进行交换,因此 $II(C+M-M/X)>I(V+M/X)$。这两个公式揭示了进行扩大再生产需要有追加生产资料和追加消费资料的物质基础。

无论是简单再生产,还是扩大再生产,社会总产品各个组成部分的实物替换和价值补偿,社会资本再生产的比例关系必须按一定比例,经过相互交换,才能全部实现。交换关系有三种情况,马克思称为三大要点:

第一,IC 或 $I(C+\Delta C)$,是通过第一部类内部交换而得以实现。

第二,$II(V+M)$ 或 $II(V+\Delta V+M/X)$,是通过第二部类内部交换而得以实现。

第三,$I(V+M)= IIC$ 或 $I(V+\Delta V+M/X)= II(C+\Delta C)$,是通过两大部类之间的交换而得以实现。

总之,简单再生产与扩大再生产两大部类内部的交换关系和两大部类之间的交换关系,都是按一定的比例实现的。

(三)经济增长理论

第一,经济增长的实质就是生产力的发展。马克思认为,"一切生产都是个人在一定的社会形式中,并借这种社会形式而进行的对自然的占有。"生产力的发展决定人类社会发展的各个方面,并决定生产关系、上层建筑相应的变革。经济增长的实质就是生产力的发展。

第二,经济增长具有永续性和递增性。由于知识的进步、人力资本和物力资本的累积效应,经济的发展有一种自加速的趋势。同时,由于生产力的发展具有永续性和递增性,因此,经济的发展也必然具有永续性和递增性。

第三,制度对经济增长具有至关重要的作用。马克思认为:"没有抽象的生产,也没有离开制度(生产关系是制度的核心)的生产力及其发展。生产力总是在一定的生产关系(制度框架)中组织和运行。先进的生产关系会促进生产力的发展,落后的生产关系则会阻碍生产力的发展。"马克思的这一理论对后来的制度经济学派产生了巨大的影响。

第四,生产力和生产关系组成的物质资料的生产方式是决定经济增长的根本因素。物质资料的生产方式主要包括经济生产能力、经济结构、体制变革等。

第五,建立合理的产业结构,按比例分配社会资源是经济发展的前提条件。国民经济都是由互相联系、互相制约的各产业部门组成的经济网络。各产业部门只有按客观需要的比例关系实现均衡增长,社会经济的总体才会稳定、持续发展。

二、西方经济增长理论

马克思主要是从定性的方式来分析经济增长,而西方经济学家更多的是从定量的方法来分析经济增长,他们有的侧重把一些可观察的或易处理的增长要素(如资本和劳动)与增长实绩(如国民生产总值或国民收入)联系起来,建立各种或繁或简的计量函数模型,用于解释经济增长;有的侧重从经济增长过程中经济结构的演进、转变或高度化的角度来解释经济增长;有的侧重从经济增长的阶段性特征来描述经济增长及其条件;有的侧重从经济增长的要素来解释经济增长的原因和过程。因此,西方经济增长理论中包含了"模型论""结构论""因素论"等主要流派。

(一)经济增长模型论

经济增长模型论就是把各种经济增长要素作为自变量,把经济增长(通常用国民生产总值、国民收入或人均收入来表示)作为因变量,确定函数关系,以此来建立各种经济增长模型,用于解释经济增长现象。

在现代西方经济学文献中,20世纪80年代以前最著名的经济增长模型有三个,即哈罗德-多马经济增长模型、新古典经济增长模型、剑桥经济增长模型。

1. 哈罗德-多马经济增长模型

哈罗德-多马经济增长模型,简称哈罗德-多马模型,是由美国经济学家哈罗德和多马在发展经济学领域提出的著名理论。该理论以凯恩斯理论为基础,诞生于1929—1931年大危机不久之后。哈罗德-多马模型的核心假设包括:全社会仅生产一种产品,这种产品既可以用于消费,也可以用于生产;在生产过程中,仅涉及两种生产要素,即劳动和资本,且这两种要素的比例始终保持固定;规模报酬不变,意味着单位产品成本不会随生产规模的扩大而变化;此外,模型还假设不存在技术进步。

哈罗德-多马模型的表达式是

表示法一

$$G_w = s/k = S_Q$$

式中　G_w 为经济增长率,并具有总供给等于总需求,即"均衡增长"之含义;

　　　s 为收入中的储蓄比率或储蓄倾向($I=S$);

　　　k 为资本产出比或边际的资本产量之比;

　　　Q 为资本生产率,表示每一单位资本生产的产品数量。

表示法二

$$G = S \cdot V$$

式中　G 是经济增长率;

　　　S 是资本积累率(储蓄率或投资率);

　　　V 是产出与资本比。

表示法三

$$\Delta Y/Y = s \times \frac{\Delta Y}{\Delta K}$$

式中　Y 为产出,ΔY 为产出变化量,$\frac{\Delta Y}{Y}$ 为经济增长率;

　　　s 为储蓄率;

　　　ΔK 为资本存量 K 的变化量;

　　　$\frac{\Delta Y}{\Delta K}$ 为每增加一个单位的资本可以增加的产出,即资本(投资)的使用

效率。

该模型突出了发展援助在经济增长中的作用:通过提高投资(储蓄率)来促进经济增长;通过资本转移(发展援助)能够促进发展中国家的经济增长;发展援助通过技术转移降低资本系数(k),即提高资本生产率($1/k$)来促进经济增长。

2. 新古典经济增长模型

新古典经济增长模型的主要倡导者包括美国经济学家罗伯特·默顿·索洛和英国经济学家斯旺。索洛因其对 20 世纪 50 年代和 20 世纪 60 年代资本理论和增长理论的突破性研究而广受赞誉。他的经典著作《对经济增长理论的一个贡献》(1956)和《技术变化与总生产函数》(1957)为经济增长理论的发展做出了重要贡献。同时,斯旺提出了一个基于新古典生产函数的经济增长模型,这一模型结合了劳动力增长、资本增长和技术进步对经济增长的影响。

因此,索洛和斯旺的研究被统一称为"索洛-斯旺模型",即新古典经济增长模式。

其模型包含如下假设:①全社会只生产一种产品;②资本劳动比率和资本产出比率可以按需求进行调整和变化;③规模收益不变,边际生产率递减;④存在完全竞争,因而劳动和资本的边际生产率分别决定工资和利润,资本和劳动在任何时候都能得到充分利用;⑤存在技术进步。

新古典经济增长模型表达式为

$$\frac{\Delta Y}{Y} = \frac{\Delta K}{Y} \cdot \frac{\Delta K}{K} + \frac{WL}{Y} \cdot \frac{\Delta L}{L} + \frac{\Delta r}{r}$$

式中 $\dfrac{\Delta Y}{Y}$ 为收入的增长比率(经济增长率);

$\dfrac{\Delta K}{Y}$ 为资本的产出弹性系数(或权数);

$\dfrac{\Delta K}{K}$ 为资本的增长比率;

$\dfrac{WL}{Y}$ 为劳动力的产出弹性系数(或权数);

$\dfrac{\Delta L}{L}$ 为劳动的增长率;

$\dfrac{\Delta r}{r}$ 为技术进步的增长比率。

新古典经济增长模型运用了变动的相对要素价格的生产率:外生变量包括储蓄率、人口增长率、技术进步率,内生变量包括投资,从而可以改变生产过程中投入要素的组合比例,这是哈罗德-多马模型中所不能包括的因素。但是,假定自由市场能够完全实现均衡与实际情况不符。

3. 新剑桥经济增长模型

新剑桥经济增长模型,它是现代凯恩斯主义新剑桥学派的经济增长模型。新剑桥经济增长模型是由英国的琼·罗宾逊、卡尔多和意大利的帕森奈蒂提出来的。

新剑桥经济增长模型包括以下假设:①资本产量比率 k 保持不变,即常数;②均衡条件为 $I=S$;③社会成员分为工资收入者(工人)和利润收入者(资本家),两者的储蓄率都是固定的,而且利润收入者的储蓄率大于工资收入者的储蓄率。

新剑桥经济增长模型的表达式为

$$G_w = \frac{S}{k} = P(S_p - S_w) + \frac{Sw}{k}$$

式中　G_w 为经济增长率；

　　　P 为利润率；

　　　S_p 为利润收入者(资本家)的储蓄率；

　　　S_w 为工资收入者(工人)的储蓄率。

新剑桥经济增长模型主要有以下特点。

其基本观点与哈罗德-多马模型相似,即经济增长率决定储蓄率或投资率,而资本产出比保持不变。该模型将经济增长与收入分配相结合,揭示了经济增长过程中收入分配的变化趋势及其对经济增长的影响。在新剑桥经济增长模型中,社会被划分为资本家和工人两个阶级。在这一条件下,经济增长会加剧收入分配比例失调,而收入分配比例失调又会反过来影响经济增长。因此,解决这一问题的方法并非简单地追求经济增长,而是要消除收入分配比例失调。新剑桥经济增长模型否定了新古典经济增长模型的观点,即持续稳定增长取决于投入要素比例的变化和技术进步,而是强调实现持续稳定增长需要国家政策对分配比例失调进行干预。

新剑桥经济增长模型的核心观点在于说明资本主义社会问题的根源在于国民收入分配失衡。因此,解决资本主义社会问题的途径不在于加速经济增长,而在于实现收入分配的均等化。新剑桥学派以历史的、收入分配的结构分析为凯恩斯宏观经济分析的理论基础,其分配理论是经济增长理论紧密结合的动态分析方式。新剑桥增长模型以劳动价值论为理论基础,摒弃了新古典学派在分配理论上的辩护性,直面分配问题上所蕴藏的阶级结构。简而言之,新剑桥增长模型用数学语言阐述了马克思早已指出的一个历史现象,即利润收入者所得恰好是工资收入者所失。

(二)经济增长结构论

经济增长结构论是从经济结构演进、转换的角度来研究经济增长过程的经济增长理论,其重要代表人物及其理论有刘易斯的"二元结构论"、纳克斯的"贫困恶性循环论"、罗丹的"大推进理论"、钱纳里的"发展型式"理论等。

1. 刘易斯的"二元结构论"

美国经济学家威廉·阿瑟·刘易斯在经济发展方面做出了开创性研究，深入地研究了发展中国家在发展经济中应特别考虑的问题，于 1979 年获得诺贝尔经济学奖。

刘易斯的"二元结构论"被认为是劳动力剩余的发展中国家经济发展的"普遍真理"。他把发展中国家的社会生产分成两部分：一部分是以现代方法生产的劳动生产率较高的部门（A 部门）；另一部分是以传统方式生产的劳动生产率较低的部门（B 部门）。A 部门生产率较高，而在 B 部门中，劳动的边际生产率低，甚至为零或负数。在该部门中，工资不是由工人的边际生产力决定的，而取决于劳动者平均分享的劳动产品的产量。B 部门的收入又决定了 A 部门的下限。由于人口众多和劳动资料较少，劳动力相对丰富，把一部分劳动力转移出产业，产业的产量也不会下降。也就是说，对 A 部门按现行工资所提供的就业机会来说，劳动力供给是无限的。因此，在劳动力无限供给的条件下，A 部门将逐渐扩大，B 部门将逐渐缩小。也就是说，随着劳动力的转移，二元经济结构将消除。这就是著名的刘易斯模型。

刘易斯对二元经济结构问题进行了深入研究，并提出了以工业化带动经济发展的理论。在他看来，发展中国家现代部门和传统部门之间的主要差异体现在资本运用、生产方式、生产规模、生产率和收入水平五个方面。二元经济发展的核心任务是促使传统部门的剩余劳动力向现代工业部门和其他部门转移。为实现这一目标，现代部门需要通过提供就业机会、分享物质设施、传播现代思想和制度、开展相互贸易等多种途径，促使传统部门的剩余劳动力顺利转移，同时使传统部门受益并实现现代化改造。现代部门的扩张将推动传统部门剩余劳动力转移，促进传统部门现代化，从而实现二元经济向一元经济的转变。此外，现代部门和传统部门的互联互动还将推动不发达经济向发达经济的转变。

二元经济结构理论在发展经济学中占有重要的地位，但是这种理论也存在一些缺陷，如它假定工业部门存在着充分就业，B 部门劳动力可以向 A 部门无限转移，但现实中多数发展中国家工业部门也存在大量的公开失业，等等。

2. 纳克斯的"贫困恶性循环论"

美国的经济学家拉格纳·纳克斯，哥伦比亚大学经济学教授。纳克斯强调外部经济的重要性，认为所进行的投资越多，每项投资也就变得更加可行。

纳克斯的"贫困恶性循环论"阐述了贫困国家贫困的原因。这种理论认为，一个国家之所以贫困，是因为它本身就处于贫困状态。这种观点暗示了一种恶性循环的力量，这些力量相互影响并不断重复，从而使一个贫困国家陷入贫困的境地。例如，一个贫困的人可能因为没有足够的食物而营养不良，这可能导致他的健康状况较差，从而影响他的工作能力。这种情况下，他的贫困状况很可能会进一步恶化，从而导致他更加缺乏足够的食物。这种情况同样适用于整个国家，可以用一个古老的命题来概括："一个国家是贫困的，因为它是贫困的。"

这样发展中国家陷入了一种"贫困恶性循环"中。那么怎么样才能摆脱这种恶性循环？这就引出了罗丹的"大推进理论"。

3. 罗丹的"大推进理论"

奥地利经济学家罗丹认为，发展中国家要想摆脱贫困，实现从不发达到发达的转变，就需要投资发展工业，而投资必须有一个最低的数量，如果低于这个数量，一点一点地投资，就不会取得成功。因此，发展中国家必须做到在一定的数量之上大规模地投资，通过这种大规模的投资所实现的大推进，经济才会得到发展。

为什么必须要有个大推进呢？罗丹认为，只有大推进才能够克服生产函数、投资需求、储蓄供给三者存在的"不可分性"。所谓生产函数中存在的"不可分性"，简单地说就是工业基础设施、社会公共设施部门，如交通、通信、电力等部门必须要先于直接生产部门投资，而且这些部门必须配套地进行（不可分），同时，发展这些部门所需要的投资量大、收回投资慢，这些特点都要求有巨额投资，否则经济是不可能发展的；所谓投资需求的"不可分性"指的就是各产业部门应该同时进行投资、平衡发展，不能一个一个部门单独发展；所谓储蓄供给的"不可分性"是指储蓄和收入不能按同一比例增长，只有当收入达到一定程度时才能够出现储蓄。发展中国家的收入水平低，有限的收入只能维持基本生活需要，因此利息率的高低对储蓄的影响不大。由于发展中国家储蓄存在缺口，所以无法满足大规模的投资要求。罗丹认为，上述三种"不可分性"给发展中国家的经济发展带来了障碍，因此必须采用大推进战略，投资数量要大，时间上要同时进行，实行所谓"一揽子"的投资政策。

那么，怎样实行大推进战略呢？罗丹提出了两个办法：一是要获得资金。为此要增加税收，增加利润提成，实行赤字财政政策，要通过接受国外银行贷款、国外私人直接投资的办法吸取国外资金；二是要制定全面的政府计划，因为巨额的同步投资仅靠市场是不行的，必须借助政府的计划实现各产业部门的均衡发展。

4. 钱纳里的"发展型式"理论

钱纳里在经济科学领域做出了丰富的贡献，其中最为人所熟知的是他提出的"发展型式"理论。通过对结构转变及其影响因素的全面深入分析，钱纳里揭示了经济发展的规律以及各国经济发展的独特特点。在 20 世纪 80 年代，钱纳里等学者将"发展型式"理论的研究范围拓展到低收入的发展中国家。他们认为，投资和储蓄虽然是经济发展的必要条件，但仅凭这些因素并不能确保经济发展。因此，他们强调对影响结构变动的各种制约因素进行分析，如收入水平、资源禀赋、人口规模、政府政策和发展目标、国际资本、国际先进技术、国际贸易环境等。通过这样的分析，钱纳里揭示了经济发展的"标准型式"以及各国之间的差异。这一理论为经济发展研究提供了重要的启示，有助于我们更好地理解和探讨经济发展过程中的各种问题。

发展型式理论在经济学领域具有显著影响，其核心观点包括经济结构转变与经济增长之间的紧密关联。特别是在非均衡条件（如要素市场分割和调整滞后等）下，结构转变能够加速经济增长。工业化被认为是经济结构转变的关键阶段，其转变取决于总需求的水平和要素供给的结构。通过对多国模型的综合分析，我们可以揭示工业化或结构转变的标准型式。其中一些主要观点包括：工业（特别是制造业）在国民生产总值中所占份额的增加，主要源于中间需求的变化，而非国内最终需求的变动。这意味着我们需要对工业化主要源于恩格尔效应的观点进行重大修正。此外，贸易型式的变化对总产业中制造业份额增加的影响大于国内最终需求的变化。在工业化进程的不同阶段，影响工业化的各种因素的相对重要性有所不同。了解这些关系有助于我们更好地把握工业化和经济结构转变过程中的关键因素，从而制定有针对性的政策来推动经济增长。

（三）经济增长因素论

经济增长因素论是通过分析影响经济增长的要素来研究经济增长的理论，主要代表人物是美国的丹尼森和库兹涅茨。

1. 丹尼森的经济增长因素论

丹尼森,美国经济学家,出生于美国内布拉斯加州。丹尼森将经济增长因素划分为两大类:生产要素投入量和生产要素生产率。进一步地,他将经济增长的因素归纳为以下八个方面:劳动者数量及构成、工作小时、教育程度、资本存量规模、知识状态、无效劳动分配比例、市场规模以及短期需求压力格局和强度。

在丹尼森对 1948—1969 年美国经济增长的贡献率计算中,各因素按照其对经济增长的贡献大小排序如下:知识进展(技术创新、管理改进和组织优化),占 32.7%;完成的工作量(包括工作小时、劳动力构成和就业率等),占 29%;资本存量增长,占 15.8%;教育,占 14%;资源配置改进,占 8.5%。知识进展被认为是影响国民收入增长的最大和最基本原因。

丹尼森关于经济增长因素的分析对现代经济增长理论产生了重要影响。他的研究以美国为样本,开创了通过因素分析寻求经济增长对策的先河。此外,丹尼森将知识视为现代经济增长的重要驱动力,这与世界经济增长的新趋势相符。在当今世界,科学、技术、教育和知识因素在经济中的作用日益显著。同时,丹尼森的经济增长因素分析为后进发展中国家设计经济增长和发展模式提供了有益的启示。

2. 库兹涅茨的经济增长因素论

西蒙·史密斯·库兹涅茨,俄裔美国著名经济学家,1971 年诺贝尔经济学奖获得者。他在经济周期研究中所提出的为期 20 年的经济周期,被西方经济学界称为"库兹涅茨周期"。他在国民收入核算研究中提出了国民收入及其组成部分的定义和计算方法,被经济学家们誉为"美国的 GNP 之父"。库兹涅茨的研究成果被学术界引用的次数,在西方经济学界中无人能与之相比。

库兹涅茨认为经济增长的主要因素是知识存量的增长、劳动生产率的提高、经济结构方面的变化。

知识存量的增长。库兹涅茨认为现代经济增长的重要因素之一是知识存量的增长。但知识本身不是直接生产力,由知识转化为现实生产力要通过科学发现、发明、革新、改良等转化过程。

生产率的提高。现代经济增长的第二个重要因素是生产率的提高,通过对劳动投入和资本投入对经济增长贡献的长期分析,库兹涅茨认为,以人均产值高增长率为特征的现代经济增长的主要贡献因素是劳动生产率的提高,亦即单位投入产出的高增长率。

现代经济增长的第三个关键因素是经济结构的变化。库兹涅茨对 57 个国家的农业、工业和服务业三个主要部门在总产值中所占份额进行了分析。结果表明,不同产业部门的产值份额随着人均国民生产总值的增加呈现出规律性变化。农业份额与人均平均产值成反比关系,农业在整个产值中所占比重逐步降低。与此同时,第二、三产业在总产值中的比重逐步上升,与人口平均产值成正比关系。因此,库兹涅茨认为,发达国家在现代经济增长时期的总体增长率和经济结构变换率远高于它们在现代化之前的水平。相反,不发达国家的经济结构变动较为缓慢,结构因素对经济增长的影响相对较小。这表现在:不发达国家传统经济结构束缚着 60% 以上的劳动力,且集中在农业部门;传统的生产技术和组织方式阻碍着经济增长,制造业结构无法满足现代经济增长的要求;需求结构变换缓慢;消费水平较低,无法形成对经济增长的有力刺激;不发达国家的政治结构也不适应现代经济增长的需求。

库兹涅茨经济增长因素论的评价。丹尼森和库兹涅茨的经济增长因素分析相互补充,构成了比较完整的经济增长因素分析的理论与方法。丹尼森的经济增长因素分析主要以美国为例进行短期的分析;库兹涅茨以世界上几十个国家为对象进行长期分析,其结论更具有普遍性。同时,丹尼森和库兹涅茨的经济增长因素分析,把经济增长的诸多因素具体化、数量化了,这不仅极大地发展了古典经济增长理论,也给人们在经济实践中正确认识总体增长中各个因素的不同作用,并以此为依据在调整经济增长速度、预测经济增长趋势等方面提供了方法和工具。

第三节 产业发展的生命周期

产业与企业及产品一样有一个生命周期,但产业发展的生命周期又与企业、产品的生命周期有所不同。

一、产业生命周期的含义

生命周期在生物学中被定义为一种有生命活动的生物体,从诞生、发展、成熟和衰退,最终走向死亡的全部过程。在经济学、管理学的理论框架中,最初是将此观点运用于产品中;随着时间的推移,也被扩宽到企业和产业。一种商品在市场上的销售状况和盈利能力会有所改变,这种改变就像生物的生命周期一样,将经历投入、发展、成熟和衰退的阶段。产业的生命周期实际上展现出了某个特殊市场对于某个特殊商品的需求,会随着时间的推移而改变模式。产业是一个由生产相同商品的公司组成的集合,其发展历程从诞生到壮大再到衰退,这就是产业生命周期的发展过程。

一旦有了社会分工和大规模的社会化生产,就将有各种不同的产业构成的产业总体。一个产业总体若存在生命周期将会走向消亡,就意味着国家经济也会受到影响。整个产业的存续性是恒久的,因此产业的整体并没有从诞生到终结的循环。然而,产业总体的发展是一个持续从未完全、未成熟的初级阶段向更高级、更优秀的阶段演变的过程。一旦人类社会存在,这个过程便是永恒不变的,这也是工业进步的一个根本准则。

大部分特定的行业都有一个从诞生到消失的循环。这主要是因为每一个特定的行业是由生产相似产品的公司组成的,大部分特定的产品都有其生命周期。一旦某个特定的产品开始衰败,那么制造该产品的公司要通过转型成为其他行业的公司。同样,那些制造已经消失的产品的公司组成的行业也将面临灭亡。因此,产品的寿命周期实际上等同于行业的生命周期。大部分特定的产品都有其生命周期。同样,那些制造已经消失的产品的公司组成的行业也将面临灭亡。

按照市场学的理论,产品的生命周期是一种产品从最初投入市场到最终退出市场的整个过程。这并非指一种产品的制造、应用、消费或废弃的时间长度,而更多地指的是特定产品在市场中的存续时间。因此,可以把产品的生命周期理解为其市场的生存周期。特定的产品在市场中的销售收益与盈余的波动,揭示了其市场生存周期的详细变迁通常会按照五个发展阶段来进行:开发期、进入期、成长期、成熟期、衰退期。

在第二个阶段,是开发期的产品进入推广阶段。在初始阶段由于产品的成本费用与售价偏高,人们对它的认知程度有限,产品的销售路径也相当有限并且并非流通,因此,产品的销量并未达到预期,同时也没有达到盈利的目标,这个产业处在初级阶段。第三阶段为成长期。产品的市场正在逐渐扩张,销售量持续上升,盈利也将随着销售量的提升而提升,行业也正式进入蓬勃发展的时期。第四阶段为成熟期。在这个阶段产品的成本和价格开始减少,规模经济开始建立,产品逐步被公众所认识并且广泛接受,销售途径变得更为丰富和流畅,销售额显著提升,利润也逐渐实现最大化。

长期的观察发现,大部分产品都有其特定的市场生命周期,也有一些产品的生命周期并不明显,比如大米、面粉、食盐等产品看不出 S 形曲线的波动。所有种类的产品在其市场中的存在生命周期以及周期性的表现都完全不同。例如潮流衣物和潮流饰物的销售生命周期较短,然而另一些商品如家居用品的销售生命周期则较长。例如照相机和电话等数码产品,其开发周期和增长周期都非常长,然而另一些产品如电脑的开发周期和增长周期却非常短。产品的市场生命周期的形成,主要归功于科技的发展以及消费模式的转型。消费者的消费模式也可能导致一部分市场需求的降低甚至消失,另一部分市场需求可能会增长,从而催生新的需求。这些因素都可能推动产品的升级和替换,过时的产品逐渐被淘汰,新的产品逐渐取而代之,从而形成产品的市场生命周期。

二、产业生命周期与产品生命周期的差异

一个产业领域的进步取决于产业的标志性产品,因此,运用产品生命周期五个阶段的分类方法,把这个领域的进步过程也归纳为四个部分,即起步、扩张、完善与衰落。各种相似的产品是制造行业的主要组成部分,因此,仅仅依靠一个产品的生命周期来描绘整个行业的生命周期是不够的,这也就造成了两者之间的显著区别。以下几个方面是这些差异的主要表现:

第一,与产品的生命周期相比,工业生命周期的曲线呈现出更为平稳且持久的特征。在一个特定的领域,往往聚合了众多类似的产品。因此在某个视角下,这个领域的生命周期实际上就是所有类似产品的生命周期的总和。从描绘出产业生命周期的图形看,其形状会比仅仅展示产品生命周期的图形更平滑,其持续时间也会更久。

第二,并非每个产业都具备生命周期。除了整个产业并未经历生命周期,像是工业、农业、服务行业以及其二级层次的种植业,还包括轻工业和旅游业等都没有经历过生命周期。

并非所有的特定行业都有其生命周期,也就是说并非所有的行业都会面临消亡。那些与居民日常生活息息相关的产业,比如理发行业、清洁用水供应行业等通常都会持续存在,将会没有生命周期。

第三,产业的生命周期具有明显的"衰而不亡"的特征。一个产业进入衰

退期,这就表明其在整个产业结构中的比重会持续减少。尽管许多传统产业正处于衰退阶段,在整个国家经济体系中的比重将逐渐减少,但从全球范围内的产业变迁来看,新兴行业的持续建立与壮大并未导致其份额的彻底丧失,反而产品的比重仍保持稳定,具有明显的"衰而不亡"的特征。

第四,产业生命周期曲线往往会产生突变,然后经历复苏步入新的发展阶段。由于科技的发展和消费模式的转变,有些已经进入衰退期的产业可能会利用先进的技术进行改革和武装以降低成本、提升质量、优化性能、增加种类,重新焕发出"活力",增强其生命力,再次展现出产业在成长期甚至成熟阶段的特性。因此,一些经济学家持有一种观点,"夕阳技术"并不等同于"夕阳产业"。

第五,产业生命周期存在不断缩短的趋势。随着科技革新的飞速推进,人类社会正在向知识经济的阶段迈进。知识的更新速度越来越快,技术开发的周期也越来越短,产品的升级换代也在加速。这将导致一些产业会迅速从成熟阶段转变为衰退阶段。有些产品的市场生命周期可能仅仅几年甚至几个月,因此,行业的生命周期显著缩短。

三、产业生命周期的变化

将产业的生命周期划分为各个阶段,这主要取决于企业在整个产业中的比重和发展速率。当一个产业步入新的阶段,由于各个产业所对应的商品市场需求差异或其他因素,一些产业的增长速度相对较快(图形上显示出大幅度的斜率变化和迅速的曲线上升),而另一些产业的增长速度则相对较慢(图形上呈现出小幅度的斜率变化和平稳的曲线上升)。因此,对于各种产业来说,这个阶段的产业生命周期曲线可能会展示出各种不同的特征。处于当前阶段的产业在全部行业中的比重仍然相对较少。一旦某个产业的生产力在整个产业中的占比急剧上升,同时在推动行业结构转型方面的影响力也逐渐增强,那么可以断定其产业已经走过了初级阶段,正式步入发展期。正处于生命周期初期产业增长速度远远超越了整个产业的平均增长速度。这个行业的科技发展势头逐渐走向完善,市场的需求也在飞速增加,生命周期曲线呈现出明显的陡峭增长和快速提高。经历了快速发展的成长阶段之后,由于产出的市场规模已经逐渐达到饱和稳定,这个产业对产业结构的改变也基本上得到了体现,其发展的速度必然会减缓。这意味着该行业已经从发展阶段进入了稳定阶段,此刻的生命周期曲线呈现出较低的斜率和平稳的变动。随着科技的发展,市场上出现在经济层面取代原有产品的新兴产业,这将导致该行业在整个产业中的比重逐渐减少,其增长速度也将开始呈现负值,意味着这个产业已经步入了衰退阶段,相关的生命周期曲线呈现出持续下滑的态势,其斜率通常也是负的。

第四节　产业发展规律

产业发展主要包括产业结构的调整、变化、更替和产业主导位置等质量上的变化,因此,产业发展具有一定的规律性。

一、产业发展趋势

进入 21 世纪后,产业发展也呈现了以下的发展趋势。

(一)产业结构的"三、二、一"取代"一、二、三"

一个国家的全部经济活动划分为三大产业:第一产业是广义上的农业;第二产业是广义上的工业;第三产业是广义上的服务业。从产业发展的历程来看,一般在工业化的初期,由于科学技术水平和社会生产力水平比较低,整个国民经济的发展以农业为主,三次产业结构产值的比重必然呈现"一、二、三"的总体格局。但是,随着科学技术的进步和生产力水平的提高以及人民生活水平的提高,第二产业取代了第一产业上升为主导产业,三次产业的产值比重变为"二、一、三"或"二、三、一"的格局。随着第三产业上升为主导产业,那么产业结构的格局将会变成"三、二、一"的格局。

(二)新产业中心逐步取代老产业中心

随着科学技术的进步和国际分工的发展,在经济发展不平衡规律的作用下,世界经济有一个向中心转移的趋势,即世界产业活动从老的产业中心向新型的发达国家和少数发展中国家、新兴市场经济体转移,整个世界经济中心从欧洲向亚洲、从大西洋向太平洋转移。

(三)绿色产业逐步取代灰色产业

随着社会发展,人们对产业经济的环保要求越来越高。那种片面追求高效益、资源过度消耗、生态破坏严重、环境污染严重的灰色生产力的发展道路，必然被保持生态平衡、避免环境污染、实现经济适应增长的绿色生产力的发展道路所取代。

推动绿色产业的进步，也就是推动工业经济的绿色转型，需要在工业的成长过程中，遵循自然生态环境的有序运行规律，确保各个工业领域形成一个经济资源合理运用及重复利用的有机循环模式，以最大限度地降低制造和消费阶段对环境的影响，达到产业与自然环境、社会环境的和谐可持续发展。自20世纪90年代起，绿色产业的兴起激发了人们对生活质量和生活环境的追求，绿色需求变得更为重要，成为提高人们生活幸福感的核心因素。全球的环境变化，推动环境和工业之间形成一种全新的交互模式。从另一个角度看，已经出现了大量的环保工业化趋势，以生态环保商品的制造、应用和重复利用为核心的创新型环保工业持续壮大，而传统的三次产业也正朝着环保的路径前进。

（四）工业逐步取代农业

所谓农业国主要是指现代化大工业还没有发展起来，农业在工农业总产值和社会生产总值中占绝对优势，以手工劳动为主的国家。所谓工业国主要是指现代化大工业有了高度发展，工业在工农业总产值和社会生产总值中占绝对优势，已经用先进技术装备了国民经济各部门，以机械化、电子化劳动为主的国家。

世界上发达国家和发展中国家的历史反复证明，发展中国家要变成发达国家必须要经历一个由农业国向工业国转变的过程。一般来说，发展中国家工农业结构发展趋势大体上可以表述为农业国、农业工业国、工业农业国、工业国四个阶段。

（五）节约原材料的产业逐步取代消耗原材料的产业

在发达国家中，原材料工业向节约原材料及制造工业转化已成为产业结构调整的一大趋势，即原材料工业比重相对下降，而制造工业的比重相对上升。由于原材料的相对不足，所以各国在产业发展过程中都选择发展节约原材料的工业，一般工业生产正在逐步摆脱原材料密集型的产品加工程序，或者尽量降低原材料成本在整个产品成本中的比重，这就是所谓的原材料经济学。

(六)高新技术产业成为世界上产业竞争的主体

高新技术产业是以高新技术为基础的产业,是从事一种或多种高新技术及其产品的研究、开发、生产和技术服务的企业集合,这种产业所拥有的关键技术往往开发难度很大,但一旦开发成功,却具有高于一般的经济效益和社会效益。高新技术产业是知识密集、技术密集的产业。

二、高新技术产业发展与传统产业改造

高新技术产业的发展与传统产业的改造既是产业经济学的重要内容之一,也是产业发展的规律。

(一)高新技术产业与传统产业的概念

高技术产业是指用当代尖端技术(主要指信息技术、生物工程和新材料等领域)生产高技术产品的产业群。其是研究开发投入高、研究开发人员比重大的产业。高新技术产业是指新的科技成果在实际应用和推广的基础上所形成的产业部门。

判定高新技术产业的主要指标有两个:一是研发与开发强度,即研究与开发费用在销售收入中所占比重;二是研发人员(包括科学家、工程师、技术工人)占总员工数的比重。此外,产品的主导技术必须属于所确定的高新技术领域,而且必须包括高新技术领域中处于技术前沿的工艺或技术突破。美国商务部和日本通产省将高新技术产业定义为满足以下条件之一的智力密集型产业部门:①研究开发经费超过其价值增加额10%的产业部门;②高科技人员超过其职工总数10%的产业部门。

目前世界上的高新技术产业主要有在信息技术的推广和应用基础上形成的信息工业、在电子技术的推广和应用基础上形成的电子工业、在新材料技术的推广和应用基础上形成的新材料工业、在新能源技术的推广和应用基础上形成的新能源工业、在生物工程技术基础上形成的生物工程工业、在宇航和海洋技术基础上形成的宇航工业和海洋工业,等等。

传统产业主要是指在高新技术产业形成前就存在的产业部门。目前我国工业部门绝大多数属于传统产业,其中,主要有钢铁工业、一般的机械制造工业、汽车工业、纺织工业、化学工业、煤炭工业和石油工业,等等。

（二）高新技术产业和传统产业的主要特征

高新技术产业主要有以下几个特征：

第一，开始建立时的产值比重不大，但生产增长率高。

第二，多是知识技术密集型产业，科研经费多，科研人员多且水平高。

第三，产品的附加价值高。

第四，对工业和整个国民经济具有较强的推进和带动作用。

传统产业主要有以下几个特征：

第一，经过长期的发展有相当的规模，产值比重较大，但生产增长率不如新兴工业高。

第二，绝大多数是劳动密集型和资本密集型产业。

第三，产品的附加值不如高新技术产业高，但仍然是国民经济的主体和支柱产业。

（三）目前世界的高新技术产业

目前世界上在高新技术领域已形成了具有代表性的十大高新技术产业：

①光电子信息产业。以集成电路的发展为基础，信息产业在完成微电子化过渡之后，将形成更新信息手段的光电子信息产业。

②计算机及软件产业。主要是计算机智能化、操作系统、应用软件、智能软件等的开发与完善。

③生物工程产业。主要是以微生物工程、酶工程、细胞工程、遗传工程及蛋白质工程为一体的生物工程产业。

④生物医学产业。在诊断、医疗和人工合成新材料的基础上，人类将有效地掌握生物及人工器官的移植和再造技术，把医疗技术推向能对人体各部位进行有效替换和重建的高新技术水平上。

⑤智能机械产业。

⑥导体产业。主要是指超导材料的迅速产业化。

⑦太阳能产业。

⑧环保产业。

⑨空间产业。在地球领域外开拓新疆土和在外星球采掘新资源是人类空间产业发展的方向。

⑩海洋产业。海水利用、深海采矿、南极开发、海底城市建设等将是海洋产业发展的基本方向。

(四)我国目前发展的主要高新技术产业

我国在不同五年规划时期对高新技术产业的发展进行了详细规划。在"十一五"时期,我国高新技术产业的发展主要涵盖了电子信息工业、生物产业、航空航天产业、新材料产业、高技术服务业、新能源产业、海洋产业以及用高新技术改造提升传统产业等8个方面。

进入"十二五"时期,我国高新技术产业的发展计划聚焦在节能环保产业、新一代信息技术产业、生物产业、高端装备制造产业、新能源产业、新材料产业以及新能源汽车产业等7个方面。

而在"十三五"时期,我国高新技术产业的发展重点进一步明确为新一代信息技术产业、现代生物技术产业、绿色低碳产业、高端装备与材料产业以及数字创意产业等5个方面。"十四五"时期,在新发展格局下,我国战略性新兴产业发展将面临新问题、新挑战、新机遇和新方向,需要从产业基础、产业链、产业集群、产业技术、发展环境等方面促进产业高质量发展。

(五)我国高新技术产业发展计划

自改革开放以来,我国制定了一系列的高新技术产业发展计划。

1."863计划"

1986年3月,我国著名科学家王大珩、王淦昌、杨嘉墀、陈芳允四位老科学家联合给中共中央写了一封信,题为《关于跟踪研究外国战略性高技术发展的建议》。信中恳切地指出,面对世界新技术革命的挑战,中国应该不甘落后,要从现在抓起,用力所能及的资金和人力跟踪新技术的发展进程,而不能等到十年、十五年经济实力相当好时再说,那样就会贻误时机,以后永远翻不了身。这封信得到了邓小平同志的高度重视,他做出重要批示。在随后的半年中,中共中央、国务院批准了《高技术研究发展计划纲要》,由于计划的提出与邓小平同志的批示都是在1986年3月进行的,因此此计划被称为"863计划"。从此,中国的高技术研究发展进入了一个新阶段。经过广大科技人员的奋力攻关,"863计划"取得了重大的进展,为我国高新技术发展、经济建设和国家安全做出了重要的贡献。

2. "火炬计划"

这是一项发展我国高新技术产业的指导性计划,于1988年8月经中国政府批准,由科学技术部(原国家科委)组织实施。"火炬计划"的宗旨是实施科教兴国战略,贯彻执行改革开放的总方针,发挥我国科技力量的优势和潜力,以市场为导向,促进高新技术成果商品化、高新技术商品产业化和高新技术产业国际化。"火炬计划"项目的重点发展领域是电子与信息、生物技术、新材料、光机电一体化、新能源、高效节能与环保。

3. 国家科技攻关计划

自1982年开始实施的这项计划旨在推动我国主要产业的技术进步和结构调整,培养众多科技人才,提高我国的科研能力和技术基础,从而提升我国科技工作的整体水平。该计划从"六五"到"十一五",分阶段进行。各阶段的科技攻关计划中,涵盖了诸多重要领域。例如,"六五"计划涵盖了农业、消费品工业、能源开发及节能、地质和原材料、机械电子设备、交通运输、新兴技术和社会发展8个方面。进入"七五"计划,其重点内容包括行业发展中的重大技术和装备、重点新产品开发、新兴技术领域(如微电子、信息技术、新材料、生物技术等)以及社会发展。在"八五"计划中,我国进一步关注了农业、交通运输、能源、原材料、机械电子、现代通信技术、工业过程控制技术、环境污染治理技术、遥感应用技术、资源开发和利用、重大疾病防治、人口控制等多个领域。在"九五"和"十五"计划时期,我国科技攻关计划分别侧重于农业、工业高新技术以及社会发展等领域。其中,"十五"计划的主攻方向为通过重大关键技术的突破、引进技术的创新、高新技术的应用及产业化,为产业结构调整、社会可持续发展、提高人民生活质量提供技术支撑。至于"十一五"计划,其重点支持领域依然包括能源、资源、环境、农业、医药卫生等。

第五节 产业发展战略

产业发展战略既是产业发展的总体谋划和大政方针,也是政府促进产业发展的关键性措施,产业发展战略的研究还是产业发展研究的重要组成部分。

一、产业发展战略概述

(一)产业发展战略的含义

产业发展战略是指根据对制约产业发展的各种主客观因素和条件的估量,从全局出发制定的一个较长时间内产业发展所要达到的目标,及实现目标的途径和方法。产业发展战略具有全局性、决定性、长期性和阶段性的基本特征。

(二)产业发展战略的内容

产业发展战略的基本内容包括战略目标、战略方针、战略措施、战略重点、战略步骤等。

战略目标是一个较长时期内产业结构、产业布局、产业组织、产业发展的速度和规模所要达到的总目标和阶段目标;战略方针是产业发展的基本指导原则,如出口导向、进口替代、重工业优先、各产业均衡发展等;战略措施是实现战略目标所采取的各种对策、方法,包括产业调整、产业选择、产业转移、产业限制、产业扶植、具体产业政策等;战略重点是重点发展的产业;战略步骤是分阶段逐步实现战略目标的程序安排。

产业发展战略实际上是要解决两大问题:一是产业发展要达到什么目标;二是怎样实现产业发展的目标。因此,产业发展战略的五个基本内容,又可以归纳为两个方面:战略目标是解决第一个问题;战略方针、战略措施、战略重点和战略步骤都是解决第二个问题,可以统称为战略实现手段。战略目标是产业发展战略的核心,决定战略方针、措施、重点和步骤;战略实现手段又是实现战略目标的保证。战略方针正确与否,战略措施有效与否,战略重点恰当与否,战略步骤合理与否,直接制约战略目标的实现及实现时间的快慢。

二、产业发展战略的主要模式

产业发展战略模式主要体现在以下几个方面:

(一)轻工业优先发展战略

轻工业优先发展战略是一种以实现工业化为目标,着重发展轻工业的产业发展策略。在工业化初期，这种战略在发达国家及新兴工业化国家和地区中得到了广泛应用，并取得了显著成效。因此，该战略对于正处于工业化初期的发展中国家来说尤为适用。在工业化初期，由于经济发展水平较低，人们的基本生活需求无法得到满足，因此迫切需要扩大生活消费品的生产。轻工业作为主要生产生活消费品的产业，通常具有投资少、生产周期短、资本周转快、利润率高等特点，这使得优先发展轻工业成为一种扬长避短的战略选择。通过优先发展轻工业，可以扩大就业、加快经济发展、改善人民生活水平、积累资本、推动技术进步，从而为重工业的发展创造市场需求和有利条件。

然而，如果长时间实行轻工业优先发展战略，将难以实现工业化的全面发展。因此，适时进行战略重点转移，加快发展重工业变得至关重要。此外，如果一个国家在发展轻工业时主要依赖进口机器设备和原材料，将难以摆脱对外依赖，进而无法形成独立完整的工业体系和国民经济体系。综上所述，轻工业优先发展战略在一定时期内对工业化初期的发展中国家具有积极意义。但需根据实际情况适时调整战略，关注重工业发展，以实现产业结构的优化升级。

（二）重工业优先发展战略

重工业优先发展战略是指以实现发达工业化为战略目标、发展重工业为战略重点的产业发展战略。这是绝大多数发达国家在向发达工业化过渡时期和实行传统计划经济的国家实施过的产业发展战略，并在大多数发达国家取得了相当大的成功。重工业是生产生产资料的工业，是社会扩大再生产和产业技术改造与进步的物质基础，在工业化中、后期的国民经济发展中起主导作用，对推动各个产业部门的发展、建立独立完整的工业体系和国民经济体系、增强国家的综合实力、发展科学技术研究事业和巩固国防等都具有重大的意义。重工业属于资本密集型产业，技术要求也比轻工业高得多。发达国家在轻工业有了巨大发展后积累了大量的资本，技术也有了较大的发展，对生产资料的需要也大幅度快速增长，为重工业发展创造了极为有利的条件。绝大多数发达国家正是利用了这些有利条件，实行由轻工业优先发展战略向重工业优先发展战略的转移，成功实现了发达工业化。

但是，重工业优先发展战略在传统的计划经济国家的实施不是十分成功。这些国家在实施重工业优先发展战略的时候，轻工业一般还没有得到相应的发展,资本缺乏,技术落后,经济发展水平低,不具备发展重工业的必要条件。然而由于政治、外交、军事上的要求和急于求成,盲目冒进的心态等种种因素的影响,这些国家往往片面强调发展重工业,在工业化初期就开始实施重工业优先发展战略,虽然重工业确实有了相当大的发展,也基本上建立了比较完整的工业体系,但是忽视甚至牺牲了农业和轻工业的发展,最终形成了"重工业太重,轻工业太轻、农业落后"的畸形产业结构,经济效益十分低下,发达工业化的目标也难以实现。由此可见,重工业优先发展战略虽然是实现发达工业化的必由之路,但是必须建立在轻工业有了相当发展、重工业与轻工业和农业协调发展的前提下,才能够奏效。

(三)产业平衡发展战略

产业平衡发展战略是指在整个国民经济的各产业部门、各地区同时进行大规模的投资,从而实现产业总体和国民经济全面、协调、快速发展的产业发展战略。这种战略强调大规模的投资和各产业部门、各地区的协调发展,因此,其优点也是显而易见的。实行产业平衡发展战略能够更好地发挥各产业之间相互关联、带动、补充的作用,实现经济的多元化,分散经济风险,避免瓶颈产业、短线产业的制约,减少对少数产业的过分依赖,保持产业总体的高速协调发展和经济的稳定增长。产业的平衡发展又能够进一步促进产业空间布局的合理化,缩小地区差别,实现各地区经济的协调发展。

这种战略虽然理想,但也存在很大的局限性。只有在资源相当丰富、资本十分充足的条件下,才能有效地实施该战略。发展中国家资本短缺、外汇不足、人才缺乏,如果实施平衡发展战略,所有产业都齐头并进,分散用力,一般来讲是很难成功的,最后往往一事无成。因此,产业平衡发展战略并不适合发展中国家。

(四)产业不平衡发展战略

产业不平衡发展战略是一种针对部分产业和地区进行重点投资和优先发展的产业发展策略。这种策略基于一个事实,即平衡是相对的,而不平衡是绝对的。因此,在事物发展的过程中,总会有一些领域先行发展,然后其他领域逐步跟进。产业不平衡发展战略实际上是一种更符合实际情况的产业发展策略,大多数国家在大多数时候都选择实施这种策略。

　　为了正确有效地实施产业不平衡发展战略,关键在于恰当地选择重点优先发展的产业和地区。这些产业通常包括先导产业、主导产业、新兴产业、瓶颈产业、短线产业等具有较大关联性、引导作用的产业,以及对于产业发展具有较大优势、对全局发展产生较大影响的地区。在实施过程中,需要根据实际情况的变化,及时调整战略重点,避免过分强调某些产业的发展而忽视其他产业的发展。如果出现这种情况,可能会导致产业结构畸形、比例失调以及产业布局不合理等问题,从而不利于产业的协调发展。因此,在实施产业不平衡发展战略时,要充分考虑各产业的关联性和影响力,确保整个产业体系的协调发展。

(五)初级产品出口战略

　　初级产品出口战略是指以农矿产品的生产和出口为主体的外向型产业发展战略。这种战略的特点是利用本国丰富的自然资源和有利的条件,发展农产品、矿产原料等初级产品生产和出口,积累资金和外汇,为工业化创造条件,以带动整个国民经济的发展。这种战略往往是一些由于受到长期殖民统治而经济畸形化的发展中国家在一定时期内唯一可以选择的战略。这些国家只有通过发展初级产品的生产和出口,才能换取自己引进国外先进技术所需要的外汇。另外,一些由于自然资源和条件的限制及许多长期形成的经济、技术、社会等因素的制约,很难在短期内改变落后的经济结构的发展中国家,也不得不采取这种战略。还有一些希望利用自己的传统经济优势,发展拥有一定比较优势的农矿产品的生产和出口,以增加外汇收入,为本国经济发展积累资金的国家,在一定时期内也会实施初级产品出口的产业发展战略。

　　发展初级产品出口战略,虽然对部分国家增加外汇收入和发展民族经济能起到一定的推动作用,但是仍然存在诸多缺陷。由于初级产品出口严重依赖国际市场,供求和价格被国际市场左右并且受制于发达国家,因此存在产品的不等价交换。在国际市场起伏波动较大、竞争日趋激烈的外部环境下,科学技术进步会促使许多替代品出现,对农矿产品的消耗减少。这些都会使农矿产品的贸易条件恶化,初级产品价格呈现下降的趋势,导致出口收益有限且不稳定,甚至有的初级产品出口越多,经济损失越大,形成恶性循环。为改变这种不利状况,发展中国家曾经采取过一些对策,如建立原料矿产出口国组织以协调生产和供给,维持和提高产品价格等,试图改变不平等的国际经济旧秩序,保护本国利益。但是,除了石油输出国组织取得了一定的成效之外,其他国家均收效甚微。实践证明,若发展中国家长期实行初级产品出口战略,则无法摆脱对发达国家的依赖,在国际贸易中会永远处于不利地位,不可能真正实现工业化和现代化。

(六)进口替代战略

进口替代战略是一种内向型发展策略,特别适合于发展中国家在工业化初期的阶段。这一战略的核心在于通过实施保护政策,发展满足国内市场需求的制造业,从而以本国生产的工业制成品替代原本需要进口的工业制成品。进口替代战略的特点在于,它以实现工业化作为主要战略目标,以发展国内制造业为战略重点,并实施贸易保护政策作为主要战略手段。产业发展的过程中,通常会经历两个阶段或层次:消费品制造业和资本品制造业。资本品制造业的发展难度更大,需要更高的条件。对于许多发展中国家来说,制造业落后,大量工业制成品需要依赖进口,再加上初级产品和制成品之间的不平等贸易,导致了对外贸易的逆差,严重影响了经济的发展。因此,部分发展中国家采取了进口替代战略,期望通过建立和发展本国的制造业,用本国的制成品替代进口的制成品,从而实现国际收支的平衡,推动经济的发展,逐步实现工业化。

进口替代战略既有利也有弊。这种战略通过降低成品进口率,可以减少对发达国家和世界市场的依赖,有助于改造原来以农业为主的产业结构,扩大就业,提高技术水平,增强经济自给能力,对发展中国家建立一定的工业基础和促进经济的增长能起到良好的作用。然而,这种战略也存在一些明显的弊端。首先,贸易保护政策可能会使本国企业脱离国际竞争,不利于降低生产成本、提高产品质量和劳动生产率、增强国际竞争能力。其次,发展本国工业仍需要从国外引进先进技术和设备,可能会导致对发达国家新的依赖和外汇短缺。最后,过分重视制造业,忽视其他产业的发展,可能会导致国民经济各部门的比例关系严重失调,导致产业结构不合理。

(七)出口导向战略

出口导向战略是一种外向型经济发展战略,它以比较利益为原则,充分发挥本国自然条件和劳动力廉价的优势,利用发达国家的资金和技术,以国际市场为导向,大力发展出口工业,以工业制成品代替农矿初级产品出口,争取在更大范围和更深程度上参与国际分工和国际竞争,推动产业结构的升级和优化,加速工业化的实现。

部分发展中国家实施出口导向战略开始于 20 世纪 60 年代。当时,初级产品出口和进口替代战略的缺陷日益显现,这些国家需要寻求新的发展途径。与此同时,本国已经有了一定的工业基础和一批熟练工人与技术管理人员,政府调控经济的水平有了一定程度的提高,国际经济联系进一步加强。发达国家经济繁荣、生活水平提高,一方面扩大了对工业消费品的需求;另一方面又由于工资成本提高、资本大量过剩,产业开始实行国际转移。正是在这种背景和条件之下,部分国家和地区开始实施出口导向战略,利用劳动力资源丰富廉价的优势,大量引进外国资本和技术,努力发展面向出口的劳动密集型产业,生产成本低、有竞争能力的轻纺业产品,打入国际市场,赚取外汇,从而推动整个国民经济发展。少数发展中国家和地区实施出口导向战略获得了成功,发展成为新兴工业化国家和地区。20 世纪 70 年代中期到 20 世纪 80 年代,欧美发达国家经济增长速度缓慢,贸易保护主义抬头,再加上出口导向战略的成效比较明显,相当多的发展中国家也开始先后采取这种战略,使得新兴工业化国家和地区又开始"第二次工业化",即发展重点从劳动密集型产业进一步过渡到资本和技术密集型产业,向更高级的出口加工产业转向,实施新型的出口导向战略。

出口导向战略能够充分利用国际分工和国际产业转移的机遇,发挥资源的比较优势,扩大就业,增加出口和外汇收入,提高科学技术和经济管理水平,实现经济较快增长,加速工业化的进程。但是,这种战略也面临一些难以解决的问题。例如,发达国家贸易保护主义的打击,外债还本付息的负担越来越沉重,产品出口严重依赖风云变幻的世界市场,经济发展在很大程度上取决于国际市场对出口制成品的需求,缺乏稳定性等。因此,单纯的出口导向战略,实际上不适合发展中大国。

(八)进口替代与出口导向相结合战略

进口替代与出口导向相结合战略是指进口替代产业与出口导向产业结合并重、协调发展的内外向结合型产业发展战略。进口替代战略和出口导向战略各有利弊,如果把进口替代与出口导向恰当结合,则可以扬长避短、优势互补。在发展进口替代产业,更好地满足国内需求的基础上,实行对外开放,鼓励出口,发展出口导向产业,带动国民经济更快增长,这样既能够加强本国独立自主的产业基础,防止对外的过分依赖,保持本国经济的协调稳定,又能够充分利用国际分工、市场、贸易、资源、投资、技术等的作用,发挥比较优势,获取比较利益,提高经济效益。

这种战略发达国家可以实施,发展中国家同样也可以采取,尤其是发展中的大国。发展中大国幅员辽阔,人口众多,国内市场容量很大,自然资源比较丰富,产业门类比较齐全,更有利于同时发展进口替代产业与出口导向产业。值得注意的是,真正把进口替代与出口导向恰当地结合起来并不是一件容易的事,需要在实践中不断探索。在使用这种产业发展战略时,应特别注意有效地扩大内需,提高本国产业的国际竞争能力,适度利用外资,防范国际国内金融风险。

第六节 产业的可持续发展

一、产业可持续发展的内涵

产业的可持续发展是指产业的总体状况与人口、资源、环境相互协调,并且能够长期持续不断地发展。

可持续发展是在人类社会面临人口爆炸、能源危机、资源短缺、环境污染、生态失衡的严峻挑战,"先污染、后治理,有增长、无发展"的传统经济发展模式已经不能再继续时,在 20 世纪 80 年代由联合国提倡的一种社会经济发展的新模式。1980 年 3 月 5 日,联合国大会向全世界发出呼吁:"必须研究自然的、社会的、生态的、经济的以及利用自然资源过程中的基本关系,确保全球的发展。"可持续发展就是经济、社会发展与人口、资源、环境互相协调地兼顾当代人和子孙后代利益的,能够不断持续下去的发展。

二、产业可持续发展的原则

产业的可持续发展必须坚持以下原则:

第一,产业发展应与资源和环境的承载能力保持协调,关注环保、节能、新材料、新能源等领域的发展,致力于减少废物排放、加强废物利用、实现清洁生产,从而改善生态环境,增强产业和经济的资源基础,提高环境和资源的承载能力。

第二,产业发展需关注产业结构比例的合理性,根据产业发展状况和消费结构变化,及时进行产业结构调整,以实现产业结构的合理化和高级化,避免产业比例失调和结构失衡,优化产业资源配置,更好地满足需求,提升生活质量。

第三,科学技术在产业发展中起到关键作用,应积极发展科技,大力发展高新技术产业,通过高新技术产业改造传统产业,提升产业技术基础,推动产业结构向高级化发展,提高资源使用效率,实现产业高效发展。

第四,产业发展需注重产业布局的合理性,充分发挥各地区的比较优势,有效利用各地区的人力、物力等资源,促进地区间产业和经济协调发展。

产业发展需实现与人口、环境、资源的协调发展,充分利用人力资源,满足人们的生活需求,保护环境,节约和高效利用资源,开发丰富的清洁资源,以实现产业与人口、环境、资源的协调,保持产业的协调、稳定、高效发展,从而实现产业总体可持续发展。

第七章　产业组织结构与企业竞争力的关系

第一节　产业组织环境对企业竞争力的影响

一、影响企业竞争力的环境条件

首先,企业竞争力所涉及的市场,是竞争和开放的。在垄断和封闭的市场中,谈不上企业竞争力,这说明开放和竞争的产业组织环境是讨论企业竞争力的前提条件。

其次,企业竞争力的实质是一个企业同其他企业相比较的生产率(或工作效率)。这体现的正是产业组织内部企业与企业之间的关系。

再次,企业竞争体现在消费者价值(市场占有和消费者满意)和企业自身利益(盈利和发展)两个方面。从动态的和长期的角度看,两者具有很大程度的同一性,这也正是产业组织的市场绩效的体现。

从次,企业竞争力决定了企业的长期存在状态,因此,产业组织的现状及其发展趋势对企业竞争力的持续性会产生重要影响。

最后,企业竞争力是企业所具有的综合性质。决定和影响企业竞争力的因素是非常多的,产业组织是其中的重要因素,与其他因素经常发生着相互间的作用。它们总是作为一个整体而对企业的存在状态产生影响。

按照系统论的观点:系统的环境影响系统的结构,系统的结构决定系统的功能。因此,对于一个经济组织而言,组织环境、组织结构会影响组织行为,进而产生相应的组织绩效。企业是一个复杂的组织系统,其生存与发展的能力表现为其在要素市场获取资源以及在产品市场上销售产品的能力。企业竞争力本身就是一个动态的和变化的现象,反映在它能否及时、准确地捕捉环境变化的信息,适时调整自身行为策略,适应甚至影响复杂变化的动态环境。

环境可以分为外部环境和内部环境,事实上市场结构与企业制度就是企业经营最直接的外部环境与内部环境的关系。环境也可划分为宏观、中观、微观环境、一般和具体环境。例如市场经济、经济全球化、区域经济一体化、结构调整、放松管制、过剩能力、兼并和联盟、关注环境污染、正在变化的顾客预期、技术不连续、贸易障碍的出现等等已成为当今正在变化的宏观环境的主要特点,这是所有企业面临的一般环境。而每个企业所处的产业技术环境、市场竞争结构等中观环境,与企业制度等微观组织环境相联系成为影响企业竞争力的具体环境。

环境的不确定性有两个维度,一是变化程度,根据其大小可将环境分为相对动态环境与稳态环境;二是复杂程度,据此有简单环境与复杂环境之分。外部市场环境因随时面临新竞争者的加入、现有企业兼并重组、消费需求变化、国家产业政策调整等因素影响而动态变化;而企业内部制度组织环境因素相对于外部环境而言较稳定,如核心能力一经形成后会出现"路径依赖"。相对而言,封闭的、狭小的系统环境较为简单,如计划经济中的国有企业的经营环境;而开放的、庞大的系统面临更复杂的环境,如市场经济、全球竞争条件下的企业环境。

不同层次、类型的环境相互影响、作用,最终决定企业组织的市场行为和竞争绩效。发达国家企业由于要素市场和产品市场发育成熟,公司的内部治理结构较为完善,企业行为普遍较理性,所面临的市场环境变化主要来自技术、需求结构,要求企业主要进行的是内部组织和能力的创新。而在中国,影响企业行为和竞争力的环境因素更复杂、更不稳定,尤其缺乏健全的制度环境。产业组织环境既是宏观体制、政策环境的体现,与企业微观制度环境更是密切相关。

二、产业组织环境与市场、体制环境的关系

企业之间的相互竞争和分工合作的关系都是产业组织的表现。只静态地观察产业组织对专业化生产的互相配合是传统的经济理论。对产业内企业间的互动进行动态观察,随着"共同知识"越来越多进而协调率也会越来越高,进而在不同产业里会有协调能力差异的产生。所以,会影响企业里持续竞争优势的是组织能力的形成和积累。

企业选择使用人事、技术、资本等桥梁建立起稳定的长期的经济联系,这种独立于企业间的组织为"中间组织",像企业集群和企业集团等,企业集团偏向企业在市场化下的表现,企业集群则是市场组织化的表现。这种中间组织

形式有利于产业更协调,有利于分工关系合理形成,进而通过积累"共同知识"来培养产业组织能力,更有利于减少企业过大、市场过于集中造成的效率损失。在实践中,企业集群等组织形式在成本、人才、市场、技术等方面所显示出的竞争优势也被更多人所关注。所以,企业身处的环境多变,企业在培养自身能力的同时,也要充分吸收国内外的先进经验,学习更新产业的组织形式,是提升自身竞争力的重要途径。

三、产业组织环境与企业组织环境的互动关系

企业组织既是指单个企业的内部组织结构,包括它的资本组织形式、管理体制设置等,又是指服务于某种目标而形成的企业与企业之间的关系的组织体,如企业集团。考察发达国家企业演变的历史,可以看到,产业组织是企业组织(自组织)变化的结果,企业组织与产业组织是同一本质的两次协调。第一次是管理协调替代市场协调,现代工商企业替代传统的单一单位企业,与之相伴的是完全竞争的市场结构被不完全竞争所取代。第二次协调主要包括两个方面,一方面是企业的集团化发展;另一方面是企业间公开或暗地里的勾结。这使得企业之间的关系更加复杂:企业组织演变导致了新的企业间关系,即产业组织状态,决定了产业组织政策作用的相应走势;产业组织状态变化与产业组织政策的作用,促使企业组织向更高的组织层次跃升,复杂性不断增长,并导致产业组织状态的进一步变化和新的产业组织政策的出笼(谢地,1999)。两种组织结构在发展中存在着互动的关系。

对于如何提高企业的市场绩效,不同流派产业组织理论主要分歧在于,究竟是外部市场组织结构起决定作用,还是内部的企业组织因素起决定作用。在我国学术界对于提高国有企业市场绩效也曾有两种观点:一是以张维迎为代表的产权论;二是以林毅夫为代表的市场竞争论。

张维迎等人强调,在企业中,剩余索取权和剩余控制权应该统一。否则,那些没有剩余索取权但拥有剩余控制权的人,由于不承担企业的风险,他们手中的控制权就会变成所谓的"廉价投票权"。"廉价投票权"可能导致某些无能之辈通过贿赂控制权拥有者,取代真正的企业家成为企业的最高决策者。在我国,国有企业的经营人员由政府官员选拔,因此,政府官员拥有控制权,但他们却不享有剩余索取权。这种情况下,政府官员手中的控制权实际上成为"廉价投票权"。产权明晰主要包括两个方面:产权法律归属上的明确界定和

产权的有效率配置,也就是产权结构上的优化配置。产权归属决定论以科斯的交易成本为基本分析工具,从企业的契约结构出发,探讨产权归属、激励机制与企业绩效之间的关系。这种观点认为,产权是排他地使用资产并获取收益的权利,产权就是剩余索取权。谁获取剩余,谁就拥有资产。因此,企业产权明晰就是要明确界定企业资产与剩余索取权的归属,产权归属是企业绩效的决定因素。内生于计划经济体制的国有制的产权制度效率低下,因此必须进行产权改革。产权结构决定论以契约关系为基本分析工具,认为企业在本质上是一种"契约关系"或"契约网络",是一种节约交易费用的制度装置或契约安排。这种观点侧重从行为权利角度定义产权,认为产权是剩余控制权形式的资产使用权利。企业所有权主要表现为剩余控制权,因此,企业绩效的关键在于产权结构的优化配置。

产权结构决定论的三种理论表现分别为代理经济学中的企业所有权理论、成本经济学中的契约治理理论以及不完全合同理论中的产权配置或搭配理论。这些理论关注企业生产的制度结构或契约关系,以构建有效的企业治理结构为核心,旨在理顺生产过程中各经济主体的利益矛盾,为企业运营建立有效的利益激励机制。从理论角度看,这些理论对主流经济学生产函数企业论进行了拓展与修正。在政策方面,主张优化企业产权结构,使企业剩余索取权与剩余控制权得以合理搭配,明确企业所有者与经营者之间的责权利关系,并为经营者构建有效的利益激励机制。这些措施被认为是提高企业绩效的必要条件。通过这样的分析和处理,企业可以实现产权结构的优化配置,从而提高企业绩效,实现企业的可持续发展。

以林毅夫为代表的市场竞争论认为,国有企业改革的核心是塑造公平竞争的市场环境。充分竞争的要素市场和产品市场,使得各个行业与企业间有相同的利润水平与成本水平,所以经营者的经营能力和努力程度都可以用利润来表达,进而解决信息不对称问题;提高企业利润是市场对经理人的促进结果。所以,解决政策性负担是企业改革的首要任务,进而实行一些不可调整的预算约束,以进入竞争性市场,让利润成为真正反映企业经营成果的信息指标。产权只对企业激励制度有影响,激励制度的成效在于市场的经营环境,这是刘芍佳等人的"超产权论"。所以产权的变更不是改善企业治理机制和提高效益的关键因素。如此便只能通过竞争来提升效益、改善机制,"淘汰死亡"和"生存发展"是竞争后的两种结果。企业只有改善机制才能摆脱被淘汰的命运,若想要持续发展就要不断对可以提升效益的机制进行创新。"超产权论"依旧在强调市场竞争的作用,依旧强调了竞争环境的重要性,因此"超产权论"一直在强调对市场进行充分的培育,营造有效的竞争的市场环境。

以上两个观点是从不同层次上说明产业组织环境和企业组织环境对企业竞争力的影响。从社会经济关系和企业是社会生产力这个角度来说,企业经济关系、企业绩效是企业生产能力和市场竞争关系所决定的。市场竞争是最外层环境层次,经济关系系统是中间层次,生产力系统是重心层次。从提升生产能力的角度发现企业的绩效和竞争力之间的决定因素,但会对经济制度环境和企业经济关系、会对企业运营效率的应用有影响的是核心能力论;产权论表明了通过明确的产权界定,让成员都为达到目标而进行努力,从而提高企业绩效和努力程度,这一点对于我国企业的改革非常重要。与此同时不要对产权明晰的作用进行夸大,如此会适得其反,使其进入"为产权而产权"的改革错误区间。将企业产权制度系统开拓到市场组织制度系统的是超产权论和竞争论,产权论在对企业绩效进行讲述时,更具有现实感和内在逻辑,但是对于本质上只是由利益关系和经济关系形成的企业,市场竞争是影响企业绩效的系统中的最外部的一个因素。这是相对于利润产权激励来讲的,现实中只有将产权进行明晰,才能做到公平竞争。

四、我国产业组织环境对企业竞争力的影响

(一)我国产业组织的结构要素对企业竞争力的影响

企业竞争力表现在企业家能否把握环境中的机会与威胁,而环境带来的机遇与威胁均源于环境的变化。因此分析环境对竞争力的影响,首先需考察环境的要素,即变化对象是什么(WHAT),再考察环境变化方向和速度,即如何变(HOW);考察目的是最终能预测、把握甚至影响其变化。反映同一产业内企业与企业之间市场竞争关系的产业组织结构环境,是企业最直接的外部环境因素,反映其结构变化的要素主要包括:进退障碍、集中度、差异化。市场是趋于集中还是分散,障碍是提高还是降低,产品差异化是否增强等,揭示该市场的变化方向是趋于竞争性抑或垄断性,这将会对企业的价格竞争、非价格竞争及组织调整行为产生重要影响,并最终影响企业竞争力。

集中度是衡量市场结构的关键指标,它表示行业内规模最大的前几位企

业的相关数值在市场或行业的总份额。研究表明,卖方集中度与企业市场控制力之间存在正相关关系,但市场竞争性可能减弱,甚至导致企业技术创新动力减弱和 X 非效率。影响市场集中度的因素包括规模经济追求、市场容量变化、国家政策和法规等。在中国,影响产业集中度的因素主要受传统资源配置格局的制约和政策的影响。计划经济条件下,由于行政性壁垒较高,产业集中度较高,市场缺乏竞争性。随着市场化改革推进,进入壁垒降低,大多数产业呈现出集中度降低和分散化趋势,这表明市场主体竞争加剧,有助于激发竞争和创新。

差异化竞争顺应了消费需求的多元化而成为目前市场竞争的主流。而我国许多企业由于缺乏技术创新能力,主要生产引进模仿的产品,表现在产业内的企业产品同质、替代性强,价格竞争仍然是主要竞争手段,缺乏技术创新和持续发展的竞争力。关于集中度与创新能力的关系存在几种不同观点:一是认为集中有利于创新;二是认为集中度高不利于创新;三是认为创新活动在一个界于完全竞争和完全垄断的市场中最集中,过多的竞争反而会挫伤创新的积极性,过于垄断会导致自满自足和减少创新活动。美国学者塞维斯和日本学者今井等认为,企业研究费用与销售收入之间呈二次倒 U 形关系,即研究开发费用随企业销售规模的扩大而扩大,但超过一定的临界点,研发费用的增加将减少,甚至下降。但随着高新技术特别是 IT 技术的迅速发展,一大批专业化的科技型小企业迅速发展,在这种情况下,企业的创新能力与其规模之间大体呈现出一种 U 形关系,即大企业和小企业的创新能力较强,而中等规模的企业创新能力较弱。魏后凯等人对中国制造业的实证分析表明:企业创新强度与行业集中度之间存在显著的正线性相关关系。目前我国有很大一部分行业的集中度和创新能力都十分低下,因而企业持续竞争力较弱。

企业要想提高集中度,横向并购是一种重要的组织调整手段。同时,纵向一体化或非一体化也是企业整合产业链、提升市场控制力的关键组织行为。

总的来说,我国许多产业面临产业组织分散、企业规模较小、产品同质化等结构性问题,这使得产业组织自组织能力相对较弱。因此,企业之间的竞争主要表现为低层次、无序的价格竞争。此外,条块分割等壁垒导致企业之间在研发(R&D)及产业链构成方面难以形成良好的竞争合作关系。在与国际跨国公司的竞争中,我国企业在市场份额、盈利能力等显性指标以及产品创新能力、营销能力、品牌形象等隐性指标方面均表现不佳,凸显出竞争力不足的问题。为提高产业竞争力,有必要关注产业组织的优化调整,促进企业之间的竞争合作关系,打破行政壁垒,提高产业组织自组织能力。这些措施,有望提升我国企业在各个方面的竞争力,从而在国际市场上取得更好的成绩。

(二)我国产业组织存在较高的所有制进入壁垒,不利于企业竞争力提高

我国产业的进入障碍主要不是来自产业本身的技术特性,而是因所有制不同而形成的障碍。

所有制作为一种制度安排,一方面通过影响个人行为的选择,进而影响经济活动的绩效,另一方面,所有制结构通过不同所有制产权特征与相应产业特征耦合,促进经济绩效提高。公有产权与私有产权在不同产业配置资源的效率不同,因而有着不同的产业定位,可以形成合理的产业分工和产业互补关系。正因如此,市场经济发达的国家没有排斥公有制经济,而社会主义的市场经济也有个体私营经济存在的广阔空间。因此降低所有制进入壁垒,鼓励民营经济发展,是优化产业组织结构的重要一环。

一方面,发展民营经济有利于产业组织结构的调整。

产业结构调整,提高产业和企业竞争力,需要进行产业组织结构的调整。我国产业组织目前存在的主要问题:一是过度竞争,许多企业没有达到规模经济的要求,企业之间缺乏专业分工和协作;二是垄断行业缺乏竞争活力。大中小企业的并存和保持协调的关系,是开放经济的必然要求。发展民营经济,有利于对过度竞争行业进行重组,有利于在行政垄断行业引入竞争,有利于形成"寡头主导、大中小企业共生",即大型公司、集团与大量民营中小企业形成专业化分工协作的有效竞争的市场结构。在浙江等地形成的区域性块状经济,即民营中小企业集群化发展模式,作为一种市场组织与企业组织优势融合、效率更高的新型产业组织体,显示出了其内在的经济规律性和旺盛的生命力。它既保持了中小企业灵活多变、反应敏捷的特点,又能形成群体规模,从而获得竞争优势。

另一方面,发展民营经济有利于国有企业进行产权改革,提高竞争力。

多年来国有企业改革的实践表明,要建立真正意义上的现代企业制度,除了产权清晰,还必须使产权主体多元化、产权结构分散化。私有经济与公有制经济之间具有兼容性。这种兼容性集中体现在公有产权与私有产权可以联合

组成混合制经济。国企在股份制改造中,引入非国有股是产权结构多元化的应有之义。

经过多年的成长,我国非国有中小企业在市场经济竞争中脱颖而出,部分企业已经具备了较大的规模和较强的实力,未来还将继续发展壮大。通过采取收购、兼并、参股等多种策略,这些企业能够有效地优化国有企业的产权结构。这样的做法有助于构建真正意义上的公司法人治理结构,进而推动国有企业机制的转换,使国有企业焕发新的活力。这种发展势头将推动国有企业改革不断向纵深发展,为我国经济体制的完善和发展做出更大的贡献。

中国民营经济的发展还存在理论、观念和意识形态上的障碍,在实践中,给民营经济发展带来了一定的混乱,也自然而然地催生了民营企业普遍的机会主义心态。从各地实践看,是否解放思想,是否以全球化的视野建立开放的市场准入体系,能否给民营经济的发展提供宽松有利的外部环境,将直接关系到产业竞争力能否提高,关系到地区经济的发展和人民收入水平能否提高。

当前,民营经济在市场准入方面仍面临诸多挑战,例如办理流程耗时较长、审批环节复杂、成本高昂、进入门槛较高以及特许经营范围广泛和严格等。在近三十个产业领域中,不同程度的"限进"现象普遍存在。由于部门垄断经营的影响,民营经济投资基础设施和基础产业领域面临诸多进入壁垒。尤其在基础设施、大型制造业、金融保险、通信、科教文卫、旅游等社会服务业以及国有产权交易领域,民营经济投资较少,投资结构严重失衡。为实现投资结构的优化和有效供给的产业结构,解决民营经济市场准入问题势在必行。同时,还需关注为民营经济创造良好的法治环境、融资环境和政策环境,助力民营经济的持续发展。

五、优化产业组织环境,形成产业组织能力,提高企业竞争力

我国企业与国外大企业相比,资源(尤其是人力资源)、能力、知识不具备优势,且短期内难以提升。因此,我国培育企业的国际竞争力,不仅要注重提高企业自身素质,更应充分认识企业生存和发展的产业组织环境因素与竞争力强弱的关系,从优化产业组织环境入手,形成良好的"关系"结构和产业组织能力。

第二节 有效竞争——产业组织合理化的目标

从一般意义上看,所谓产业组织合理化,即在一国产业组织成长过程的特定资源、环境条件约束下,通过市场结构的调整和企业间组织的优化,使产业内有限资源合理配置、有效利用。其关键的中心问题是产业组织基本形态(市场结构)以及产业组织形式(企业间组织形态)的选择,力求找到竞争效益和规模效益之间的均衡的产业组织状态。这对于提高经济效益,增强产业国际竞争力,以及实现经济发展的目标都是至关重要的。

一、有效竞争的内涵

关于规模与竞争两者之间的关系,人们通常用"马歇尔困境"(或称"马歇尔冲突")来概括。马歇尔在 1890 年发表了《经济学原理》一书,在第四篇对四大生产要素(土地、劳动、资本和组织)中的组织进行系统论述时,充分肯定了规模经济利益,认为大企业通过内部分工,有利于提高工人的劳动熟练程度和技能,有利于使用并不断改进专业化机器设备;大企业由于大批量采购而减少采购成本,降低运输费用;大企业因销售量大而有利于节省销售费用和广告等促销费用;大企业因品种多而便于顾客选购,满足多种需求,从而增加顾客对它的信赖度;大企业容易发挥人的才能和知识,有利于提高管理效率。他通过对规模经济的系统分析,得出了以下两点论断:"第一,任何货物的总生产量之增加,一般会增大这样一个代表性企业的规模,因而就会增加它所有的内部经济;第二,总生产量的增加,常会增加它所获得的外部经济,因而使它能花费在比例上较以前更少的劳动和代价来制造货物。"这就是说,产量的增加会引起企业规模扩大,而扩大企业规模则会增加内部和外部经济,取得规模经济效益。

马歇尔清楚地意识到,在追求规模经济的过程中,垄断是一个无法避免的问题。高度组织化的采购和销售活动是推动许多企业走向大规模联合的主要原因之一,这一点在包括德国的卡特尔和集中式合作组织在内的各种同业联合中都有所体现。然而,垄断却带来了价格受到人为因素控制的问题,这不仅抑制了马歇尔一直推崇的自由竞争,也使经济运行失去了活力,企业竞争疲软。更为严重的是,垄断阻碍了社会资源在价格机制作用下的合理配置。因此，在马歇尔看来，规模经济和垄断形成了一种难以调和的矛盾，也就是说，要在追求规模经济的同时保持竞争活力，这是一项艰巨的挑战，这就是著名的"马歇尔困境"。实现产业组织合理化，就是要解决实质为垄断与竞争矛盾的"马歇尔冲突"，达到产业市场的适度竞争和适度垄断。

在相当长的一段时期内，经济学家们为了克服"马歇尔困境"，即如何在保持规模经济和竞争活力之间找到平衡点，进行了热切的探索。在此过程中，人们往往过于强调规模经济的重要性，或者突出市场竞争活力的地位，导致两者无法兼得。直到1940年6月，克拉克在深入研究前人理论的基础上，通过大量实证调研，发表了《有效竞争的概念》一文。他在文章中指出，短期均衡是一个静态的概念，它依赖于现有生产条件下价格的自动调节以实现供需均衡。而长期均衡则是一个动态的过程，它随着产业的发展和经济规模的扩大，使长期成本降低，使长期供给能力得到提高，从而实现长期供需均衡。然而，克拉克认为，短期均衡和长期均衡的实现条件往往存在不协调的问题。为了在现实条件下尽可能缩小这种不协调，我们首先需要明确"有效竞争"的概念。这为我们解决规模经济与竞争活力之间的矛盾提供了新的思路和方法。

有效竞争是针对两个方面的问题提出来的，一方面是针对完全垄断的弊端提出来的，另一方面是针对低水平的过度竞争的弊端提出来的。这一概念的提出，对于从理论上较好地解决"马歇尔冲突"，克服垄断与过度竞争两方面的弊端，奠定了重要的理论基础。对于我国产业而言，形成有效竞争的产业组织结构，就是要解决要么一些产业因垄断而失去活力，要么一些产业因过度竞争难以实现规模经济的矛盾。

二、有效竞争的决定变量

(一)有效竞争的客观条件和标准

尽管明确了有效竞争是产业组织结构合理化的方向，但问题的难点在于，由于产业的特点不同，由产业的技术经济关系所决定的合理经济规模和市场竞争度也不同，即有效竞争因产业不同而存在差异。因此，如何衡量实现有效竞争的客观条件和标准就成为一个难题。克拉克尽管提出了这一重要的概念，但未对实现有效竞争的客观条件和标准做出论述。

1957年，美国哈佛大学教授梅森在总结许多学者对实现有效竞争的客观

条件和度量标准所做的大量研究的基础上,分别从市场结构和市场效果的角度提出了以下两个有效竞争的标准:

1. 市场结构标准

其主要内容包括:①市场上存在相当多的卖者和买者;②新企业能够进入市场;③任何企业都没占有很大的市场份额;④任何企业(集团)之间不存在共谋行为。

2. 市场效果标准

其主要内容是:①企业存在不断改进产品和生产工艺的市场压力;②在成本下降到一定程度时,价格能够向下调整,具有一定的弹性;③生产集中在不大不小的最有效率的规模单位下进行,但未必是在费用最低的规模单位下进行;④生产能力和实际产量基本协调;⑤能避免销售中的资源浪费。

以上两个标准似乎具有一定操作性,但在实际运用中仍会遇到不少问题。如在市场结构标准的内容中,第一条要求市场上存在相当多的卖者和买者,这可能会有悖于规模经济要求,因为在某些产业(如具有自然垄断性质的公共产业)中,为了实现规模经济,是不可能存在许多企业(卖者)的;第二条主要是针对进入壁垒而言的,但未能反映进入壁垒的合理高度;第三条基本否定了高市场集中度的必要性,这也不符合许多产业的实际要求;第四条则是市场行为的内容。

在1958年,美国经济学家史蒂芬·索斯尼克提出了一种名为有效竞争标准的理论,该理论以结构—行为—绩效三分法为基础,涵盖15个方面的内容。在结构方面,有效竞争标准包括:①无企业进入和流动的人为限制,保障市场竞争的公平性;②存在对上市产品质量差异的价格敏感性,使优质产品在市场上得到应有的价值回报;③保证交易者数量符合规模经济要求,以实现资源的最佳配置。在行为方面,有效竞争标准要求:①厂商间不得相互勾结,以维护公平竞争的环境;②不得使用排外、掠夺性或高压性手段,确保市场竞争的公平和自由;③在推销过程中不得欺诈消费者,保证市场交易的诚信;④避免实施"有害的"价格歧视,保障消费者权益;⑤竞争者对其他人是否会追随价格变动不得拥有完备的信息,以防止价格操纵和市场失衡。在绩效方面,有效竞争标准强调:①利润水平应刚好足以回报创新、效率和投资,以激励企业不断提高自身竞争力;②质量和产量应随消费者需求的变化而调整,以满足市场需求;③厂商应努力引进技术更优的新产品和生产流程,推动产业技术进步;④

避免出现"过度"的销售开支,以提高企业运营效率;⑤每个厂商的生产过程应是有效率的,以实现资源的最佳利用;⑥最好满足消费者需求的卖者应得到最多的报酬,以激励企业提供更优质的产品和服务;⑦价格变化不会加剧周期不稳定,以维护市场经济的稳定和健康发展。这种有效竞争标准为我们理解和评判市场竞争提供了一个全面的框架,有助于我们更好地把握市场竞争的规律和特点。

索斯尼克提出的有效竞争标准似乎更为全面,但可操作性反而减少了,这是因为,在15个方面的内容中不仅同样存在对"过度""刚好""有害的"等含义难以准确把握的问题,而且,在众多内容中,往往会遇到一些内容满足但另一些内容不能满足的问题,况且规模经济和市场竞争活力本来就有相克的特点,这就使这一问题更加普遍,完全符合这些内容几乎是不可能实现的。此外,上述内容能否用来衡量所有产业的有效竞争也是一个问题,如结构方面的"不存在进入和流动的人为限制"就不适用于提供公共产品的产业,各国政府对电力、通信等产业无一不采取必要的政府管制,难道以追求有效竞争为政策导向的政府反而在有意采取损害有效竞争的行为吗?这在逻辑上是相互矛盾的。

我们认为,要探讨有效竞争的标准,就首先应该对规模经济和市场竞争度这两个有效竞争的决定变量进行系统分析。从有效竞争的概念可知,有效竞争要求规模经济和竞争活力相兼容,两者相互协调。因此,有效竞争首先取决于规模经济和竞争活力,而竞争活力又取决于市场竞争度,只有在一定的市场竞争度下才能产生竞争活力。而市场集中和进入壁垒是相互联系的,两者共同决定市场竞争度,这在垄断的形成中表现得非常充分:市场集中发展到一定程度就会产生垄断,在许多人看来这似乎已经成为"公理",但实际上,市场集中只是形成垄断的必要条件,如果某一产业是"可竞争市场",无进入壁垒,即使有很高的市场集中度也难以最后形成垄断,因为潜在进入者随时都可能进入该产业与原有企业争夺利润,从而降低市场集中度,消除形成垄断的必要条件。可见,高进入壁垒是形成垄断的充分条件。即只有高市场集中与高进入壁垒相结合才能真正形成垄断力量。因此市场集中和进入壁垒的变化,会引起市场竞争度的相应变化。更具体地分析,市场集中和进入壁垒具有相互促进、相互增强的正相关关系。在一般情况下,某一产业的市场集中度越高,进入壁垒也越高,新企业越难进入该产业;而提高某产业的进入壁垒,也会促使该产业提高市场集中度。同时，市场集中度和进入壁垒越高，市场竞争度就越低，反之亦然。

可见，规模经济、市场集中和进入壁垒是有效竞争的三个决定变量。其中，规模经济是"一级"变量，而市场集中和进入壁垒共同决定市场竞争活力，因而它们是两个"二级"变量。

(二) 规模经济、市场集中和进入壁垒的合理度

在有关规模经济和企业适度规模的论著中，一般以平均成本曲线描述规模经济，并通常从短期和长期两个角度进行考察。因而，与此相应有短期平均成本曲线和长期平均曲线之分。其中，短期平均成本曲线反映一定时期内生产能力不变时，平均成本（即单位产品成本）的变化规律：平均成本会随着产量增加而下降，超过一定限度又随产量增加而上升；长期平均成本曲线反映生产能力扩大过程中平均成本的变化规律。它是短期平均成本曲线的包络线，曲线向下倾斜表明规模经济。

企业的规模经济主要取决于技术实力和市场需求这两个重要因素。通过对美国和德国等国家的产业历史进行考察，著名企业史学家钱德勒发现不同的生产技术具有不同的规模和范围经济特性。在某些生产领域，例如石油、钢铁和铝等工业，成本曲线斜率较大，这意味着在这些领域，如果低于最低效率规模进行生产，所受到的惩罚将非常严重。而在其他领域，如肥皂、谷物等有商标的包装产品生产，成本曲线斜率相对较小，因此在这些领域，低于最低效率规模生产的惩罚相对较轻。此外，在某一特定工业中，能以最低效率规模经营的工厂数量受市场对该工业产品需求规模的限制。如果一个工厂使用现有技术并按照最低效率规模标准进行生产，但其产量超过了市场需求，那么该工厂的单位成本将高于一个产量更紧密地按照市场需求测定的较小型工厂。因此，在这种情况下，最佳的工厂规模将小于按照技术最低效率规模建造的工厂规模。最后，由于生产与经销技术的差异、市场规模和地点的差异，规模经济和范围经济在不同的工业、不同的国家和不同的时期呈现出差异性。这意味着规模经济和范围经济的实现需要在具体的技术、市场和企业条件下进行综合考虑。

著名新制度经济学家戴维斯和诺斯也似乎持有与钱德勒相似的观点："企业的最有效规模和在行业中的企业数当然是技术和相应的市场规模的函数。"

因为新技术往往要求企业进行巨额投资,这是许多小企业无法承受的,更为重要的是,采用大型技术设备能大大降低生产成本,实现规模经济。这在诸如石油、钢铁等装置型产业中十分明显。而市场规模的扩大则为企业大批量生产和销售提供了必要的前提。因此,技术与市场从企业内部和外部条件上决定了产业的规模经济,从而决定了特定产业中企业的适度规模。即技术创新要求高、技术装备大而复杂,而且拥有广阔市场的产业,其规模经济就十分显著,企业规模就应该较大;反之,对于那些技术进步缓慢、技术装备小型且市场范围不大的产业,其企业规模就适宜小型化。

相比较而言,适度竞争较难确定,如前所述,因为市场竞争度是由市场集中和进入壁垒这两个中间变量决定的,所以,要确定适度竞争就应该从根本上把握合理的市场集中和进入壁垒。进入壁垒主要反映产业内现有企业和准备进入产业的潜在企业间的竞争关系,而市场集中主要是反映产业内现有企业的竞争关系,两者紧密相关。适度竞争的对立面是过度竞争或竞争不足。当某产业存在过度竞争时,往往由于供大于求,会出现企业开工不足、生产能力过剩、促销费用增加等现象。这表明该产业原来的进入壁垒太低,致使企业数量过多,需要提高进入壁垒,控制新企业进入该产业,甚至淘汰原有不合格企业,从而提高市场集中度。这就会降低市场竞争度,使之趋于适度竞争。相反,当某产业存在竞争不足时,往往会产生或增强垄断因素,企业因产品供不应求而缺乏创新动力,价格不能随着成本的减少而相应降低。这意味着该产业原来的进入壁垒可能过高,企业数量过少,应当降低进入壁垒,使新企业能进入产业参与竞争,以降低市场集中度,相应提高市场竞争度,消除垄断因素。使之趋于适度竞争。可见,实现适度竞争的前提是存在合理的进入壁垒和市场集中。

经济学家从不同的角度定义进入壁垒,如斯蒂格勒认为,进入壁垒是一种生产成本(在某些或每个产出水平上),这种成本是打算进入某一产业的新厂商必须负担,而已在该产业内的厂商无须负担的。贝恩则认为,进入壁垒是和潜在的进入者相比,现存厂商所享有的有利条件,这些条件是通过现存厂商可以持久地维持高于竞争水平的价格而没有导致新厂商的进入反映出来的。即进入壁垒是老厂商比新厂商多享有的有利条件。从上述讨论可见,进入壁垒就是新企业进入特定产业(或市场)所面临的一系列障碍。

进入壁垒的度量问题一直为经济学家所关注。一般地说,某产业的进入壁垒越高，新企业进入越困难，产业内的企业也就越少，从而越容易产生垄断，而"垄断的普遍意义是对供给的控制，与此同时也就控制了价格。即垄断往往会引起价格偏离价值，产生垄断利润。因此，通常可用价格扭曲率及其超额利润率来度量进入壁垒。

市场集中是指在特定产业中，若干家最大企业所具有的经济支配能力。它通过若干家最大企业的销售额等指标在整个产业经济总量中所占的比重（即市场集中度）反映出来。

（三）确定有效竞争标准的原则

1. 有效竞争是一种竞争收益明显大于竞争成本的竞争

市场竞争对于社会资源的优化配置和使用具有积极推动作用。同时，市场竞争促使企业开展创新活动，提升技术水平，加强生产组织管理，提高劳动者素质，从而提高劳动生产率，推动社会生产力的发展。这一过程为经济繁荣和提高人民生活水平奠定了物质基础。然而，竞争也可能带来毁灭性或成本高昂的影响。在市场竞争中，企业可能面临亏损、生产能力过剩、资源浪费等问题。例如，在优胜劣汰的竞争规律下，近年来我国不少企业破产倒闭，这些企业的物质资源和劳动力在短期内会处于闲置状态，影响了资源的有效利用，同时工人失业可能引发一系列社会问题。此外，市场竞争还可能导致企业广告等促销费用和其他纯流通费用的超经济增长。因此，市场竞争既会产生竞争收益，也会产生竞争成本。而有效竞争应追求竞争收益扣除竞争成本后的净收益较大。我们可以通过竞争效益公式来衡量这种净收益的大小：竞争效益=竞争收益/竞争成本。为了实现有效竞争，竞争效益必须大于1。具体来说，在不同的时期，有效竞争的实现需要根据具体情况来判断，以确保竞争收益和竞争成本之间的平衡。

2. 有效竞争是一种适度竞争

适度竞争的对立面是过度竞争或竞争不足。过度竞争表现为企业数量和生产规模超过市场需要，市场组织化程度低，造成生产能力严重过剩，规模经济效益差；而竞争不足则会抑制市场竞争功能的有效发挥，使社会资源不能自动流向社会最需要的地方，从而影响资源的合理配置和使用；同时，竞争不足使企业缺乏创新动力和压力，不利于社会生产力的发展和社会经济的繁荣。虽然任何国家都不可能完全消除过度竞争和竞争不足现象，但有效竞争要求把这些现象控制在较低限度内。

3. 有效竞争应符合规模经济要求

规模不经济状况下的竞争是一种低水平的竞争,而低水平竞争意味着企业要以较多的资源投入才能得到一定量的产出,表现为经济效率低下。这显然是与追求较高经济效率的有效竞争目标相违背的。因此,有效竞争应该是在规模经济条件下的竞争,这样才能实现较高的经济效率。

4. 有效竞争的标准应体现产业特性

由于规模经济、市场集中度和进入壁垒这三个影响有效竞争的关键因素在不同产业中存在很大差异,如钢铁和食品行业的规模经济差别显著,汽车制造业的市场集中度远高于日常用品制造业,自然垄断产业需要比其他产业更高的进入壁垒。因此,建立一个适用于所有产业的统一有效竞争标准是不现实的。相反,我们应该根据各产业的特性来制定相应的有效竞争标准。然而,由于涉及众多的产业,为每个产业单独制定有效竞争标准在实际操作中面临困难。解决这一难题的一个可行方法是对产业进行分类,然后根据具有相似特征的产业群体来制定适应其特征的有效竞争衡量标准。这种方法可以更准确地反映不同产业之间的竞争状况,从而更好地指导产业政策制定和实施。

(四)有效竞争的区域界定

从前面的讨论中,我们可以看出有效竞争是规模经济和市场竞争活力相互协调的一种理想状态,其协调点是合理确定规模经济和竞争活力的"度",其协调目标是两者所发挥的综合作用使经济效率极大化。这可作为我们设计有效竞争标准的基本思路。由于规模经济和竞争活力具有相克的特征,显然,要达到有效竞争状态就要综合考虑规模经济和市场竞争度,要求两者能做出适当"让步"。根据规模经济理论,当企业处于适度规模范围时,其平均生产成本和交易成本较小,规模收益较大。因此,规模经济"让步"的底线就是要保证产业内大多数企业的规模不低于最小经济规模,否则,牺牲规模经济就谈不上有效竞争。而市场竞争度"让步"的最低限度则是要保证竞争收益大于竞争成本,即属于适度竞争。由于两者都"留有余地",存在一个合理区间,因此,有效竞争状态不是一种点状态,而是一种区域状态。

有效竞争是由适度规模与适度竞争相交部分所组成的区域,虽然,在这一区域内所分别获得的规模效益和竞争效益不一定是最大的,但两者的综合效益最大,能实现经济效率极大化的目标。因此,只要在某产业中大多数企业达到最低适度规模(即最小经济规模)要求,而且,其市场竞争度能保证竞争收益大于竞争成本,即处于适度竞争范围,这个产业就基本上处于有效竞争状态。这便构成衡量有效竞争的标准。

三、有效竞争的具体特征

(一)从市场结构上看,它是规模经济与竞争兼容的垄断竞争型和寡占型市场结构

市场结构可以根据垄断和竞争的程度划分为完全竞争型、垄断竞争型、寡占型和完全垄断型四种。完全竞争型市场由大量企业组成,价格由市场供求决定,企业受"看不见的手"指引相互竞争,实现资源配置优化。然而,在现实中,满足完全竞争市场的严格条件较为困难。完全垄断型市场由一个主体垄断价格,这种市场结构有利于实现规模经济效益,但可能导致市场竞争活力不足。在产业组织理论中,有效竞争的市场结构与市场绩效基准在实际应用中往往难以明确。受生产技术发展和生产力水平提高的影响,市场结构和产业竞争程度会发生变化。现实中,有效竞争的产业市场通常呈现垄断竞争型和寡占型市场结构,这是成熟市场经济国家大多数成熟产业的市场结构类型。寡占型市场结构具有规模经济与竞争兼容的特点,由少数大型股份公司或企业集团组成,各自引领一批中小企业展开竞争。这种市场结构有利于发挥规模经济效益和专业化分工效益,同时保持竞争活力,实现规模经济与竞争兼容。此外,产业内所容纳的最优最小经济规模(MES)企业数量能保持与市场容量相适应的水平。

(二)从企业组织结构上看,是一种分层的企业组织结构

把大企业当作核心,与多个小企业实行专业化协作的分层竞争的企业组织形态是有效的企业组织结构竞争。最能体现这种企业竞争结构的是加工制造业,把它的专项工艺、产品零部件与和它合作的专业化厂家分散,一级承包企业将零部件向二级承包企业或者多级承包企业分散,进而形成分层竞争的企业组织结构。这样,一方面承包体系的竖向分工在整体上划分了小企业与大企业不同水平的竞争空间,将过度竞争排除在外,取得了大批量生产规模的

经济效益和专业化分工协作效益;另一个方面,承包企业制定的单价和成本价是由企业最终产品的竞争价格要求的,在排除业界竞争后,再次将高层次竞争和压力给到了中小企业。大企业和小企业的分层协作在提升集团竞争力的同时,又可以在各个层次的竞争上构成动力和压力,进而使之形成有效的竞争模式。

(三)从市场行为看,它是一种在政府产业组织政策干预下的企业集团或股份公司之间的竞争与协调有机结合的市场行为

非价格竞争是产业市场竞争的行为方式和手段,即在服务、广告、包装、品种、批量、品质等方面进行竞争。随着非价格竞争的崛起,价格竞争的地位已经下降。而且市场供求并不对价格产生影响,主要是根据企业在竞争中采用价格卡特尔等形式的协议价格进而对同行业产品所在市场的最高价格和最低价格进行限制。

(四)从市场效果看,产业集团间的竞争活力促使市场机制能有效配置资源

产业内各企业充分发挥价格机制,集团内的企业之间将组织效益与规模效益进行充分利用,所以降低生产成本和交易费用,进而调高了资源利用率和生产利润率。总结而言,从市场绩效的方面来讲产业组织里竞争态势的良好发展,可以维持竞争的活跃度,降低成本,促进劳动生产率,推动科技的进步,还可以获得规模经济进而对其充分利用。在把有效竞争作为中国产业组织优化的目标模式的同时,当然不会将国家垄断的产业组织形式的经济命脉排除在外,也不会将某些小商品经营以及部分服务行业中接近完全竞争市场结构的产业组织形式排除,这些形式存在即合理。针对大部分工厂来说,在将基础的协作程度和不断提高的专业化分工做好后,再构架以大企业、企业集团为中心的产业组织结构,同时将规模效益和兼容竞争融合在内,形成有效的竞争局面,这是现代市场经济情况下组织形式的最佳抉择。

第八章　产业组织结构的新型合作关系

第一节　产业集群化

产业集群是相同或相似的生产企业集中连片,并带动相关企业的地域集中,从而形成结构完整、外围支持产业体系健全、具有灵活机动特性的有机体系,属于单个产业在区域上的发展。产业集群以专业化分工为基础,通过密切的合作,不仅有利于企业获得规模经济,同时也比大企业具有更高的灵活性,有利于学习、交流和创新,使集群企业获得更高的效率和竞争力。

一、产业集群的特征

从现有的研究看,产业集群主要有空间特征、产业特征、制度特征、生产特征、组织特征、互补性特征等六大特征。

(一)集群的空间特征——地域上的集中性

企业在地理上的集中使得产业集群产生了规模经济,提升了竞争力,同时企业在地理上的集中也是集群作为一种地域经济现象存在的基础,是在某一特定地理区域内聚集的经济过程或现象。因其纵深程度和复杂程度不同,产业集聚包括的内容也不一样。据一些国内经济学家在欧洲各工业区所做的实际调查表明,产业集聚区内企业距离从1~500千米不等,而且大约每平方千米50家企业。集群内聚集大量企业,单位土地面积产值较高。一般来说,每平方千米土地面积上产生的产值在1亿元以上,而高新技术产业的集群中该指标在3亿元以上。可见,空间上产业的集聚是产业集聚的外在表现形式,也是首要的基本特征。集群的空间集中表现在两个方面:

(1)经济要素、组织、行为的空间接近性或对地理与空间的集约使用。

(2)集中的要素或经济活动必须要达到一定的规模,即具有一定的高密度性,在总体区域的经济规模中要有大容量。

（二）集群的产业特征——产业地方专业化

国内产业集群现象迂回生产方式明显,内部专业化程度相对较高,社会资本积累雄厚,一些产业集群发展程度完善,具有一定的深度和广度,因此在集群效应的展示中有较强的竞争力。在产业集群里面很多企业在一个主要产业里聚集,其中生产经营性企业是最多的,原因是其拥有适应性强的熟练劳动力、通用的生产设备与使用灵活的生产方式,可以更好地适应生产要求和客户的要求。大量的专业化企业聚集实现了区域的规模化生产。此刻较大的市场需求空间被企业集群所创造,进而要求更高的专业化、分工更细致的产品和服务与隐藏的需求量也有很大程度上的增加。在技术不断发展,需求不断提高的当下,工艺过程逐渐向专业化靠近,一方面使生产商实现了规模生产,另一方面提高了生产商的市场生存概率,两者之间相辅相成,相互促进,形成了一个良性循环,促使产业集群的生产效率不断提高。集群产业的专业化主要表现在以下两个方面。

（1）集群产业的经济规模对于所在区域的整体经济规模来说占有较大的比重,进而从微观角度展现出它的地域专业化程度。

（2）在全国甚至世界上都有较大的市场份额和经济规模的当地集群产业,其可通过集群产业在当地的集中程度进而可以从宏观的经济情况展现经济的地域分工情况。

（三）集群的制度特征——网络组织及其社会根植性

狭义的网络组织概念关注的是资源配置与交易的制度特征,其经济性质可界定为一种内容广泛的中间组织形态,一端是等级制的权威协调式企业,另一端是自动协调的价格机制市场。在形式上表现为企业这只"看得见的手"和市场这只"看不见的手"之间的"握手"。在现实中,网络组织包括外包、战略联盟、价格联盟、卡特尔等众多内容。社会植根性又称嵌入性,最早由社会学家马克·格兰诺维特提出。他认为一切经济行为都是嵌入或植根在人际关系网络中,并依赖于特定的社会关系和文化。产业集群不仅仅是一个从事区域专业化的聚集经济规模体,更是一个各主体之间存在复杂相互作用并有强烈文化同质和植根性的社会有机系统。首先,产业集群内部的众多主体具有多重身份。它包括一批对竞争起重要作用的、相互联系的产业和其他实体,还包括提供专业化培训、教育、信息研究和技术支持的政府和其他机构。其次，产业集群内众多主体和法人机构之间通过组成复杂的网络组织结构(广义的和狭义的)，形成比市场稳定、比企业灵活的制度联系，在"合争"的战略组合中构成地方生产体系和区域创新系统，以应对后福特制时代对敏捷、定制和精益的要求。最后，网络组织具有强烈的社会植根性特征，社会资本的质量和数量对产业集群的运行效率产生着重大影响。

(四)集群的生产特征——把"柔性制造加持续创新"作为后福特制生产的本质内容

许多企业和经济资源在产业群内聚集，一个方面，生产要素和资源在高度聚集的状态下可以实现随时对其取用，将极大的便利提供给产业群里的企业，同时还将企业间的交易成本进行了降低；另一个方面，资源的配置和经济要素的提高是大量企业聚集在产业群内的原因，这种状态促使各个企业利益均达到极大化。由于产业群里的各个企业自发形成的这种企业效益和经济资源相结合的良性运作，所以才使企业对外界变化的适应能力增强。这样的良性经济运作模式有利于开放经济形态的柔韧性，培养了产业群，使其拥有了可以持续繁荣发展的优势。当下的研究普遍得出的定论认为，人类发展历程在社会生产中包括了单件、福特、后福特生产这三个生产的模式。现如今的社会所使用的生产形式是后福特生产，选用后福特生产形式是由现代经济竞争力的基础所决定的。将后福特制生产形式作为产业集群生产基础的原因是产业集群目前是一种规模巨大和形式重要的生产模式。随着社会的不断进步，生产方式也在随之进步，进而导致现在所定义的产业集群与福特制生产方式这个马歇尔所定义的生产模式为基础的产业聚集现象还是有很大差别的。具有现代意义的产业集群是后福特制的组织表现，这两种模式从本质上来讲，它们始终处于一种相互依赖、水乳交融的关系。

(五)集群的组织特征——竞合网络特征

前向、后向和水平的发展关系。在产业群里顾客、经销商、生产商、供应商互相联络进而构成的核心网络系统，如此网络中的各个组成元素之间进行竞争、合作与交流时就会更加简单便捷，即使他们的目的只是进行经济上的联系，也可以在共同攻克技术难点、建立"区域品牌"进行合作时让所有参与者都能获得收益。竞争与合作的关系。站在企业方来看,大部分企业都运用互相之间把工程承包后分一部分出去,和大企业之间的联系进行加强,因此重要的竞争战略就在密切相关的生产网络之间建立。因此,竞争与合作的相互关系是产业集群理论研究所关注的地方。恩莱特(1996)认为对于集群来讲竞争和合作不会相互融合这个讨论是不必要的。恩莱特觉得企业合作后便会拥有技能训练、经营销售和资源互通等一系列优点,但企业依旧需要竞争来加强提升自身的优势,不论是在国内竞争中,还是在国外竞争中,以此在与竞争对手进行对战时取得优势。站在企业的角度来看,"合作的本质是一种交易,各方通过互相交换资源来实现共同的目标之间寻找自身利益最大化的问题;站在政策制定者的角度来讲,它只是在支持合作和竞争能够带来经济增长的多少上进行衡量。虽然波特的产业集群的关键是竞争,但是合作的相关理念也包含在产业集群理论之中。产业集群模式的核心特点是竞争与合作。

(六)集群的互补性特征

产业集群内的企业既有竞争又有合作,既有分工又有协作,彼此间形成一种互动性的关联。由于这种互动关系的存在,形成了产业集群内企业之间的竞争压力,潜在的压力有利于构成产业集群内企业持续的创新动力,并以此带来一系列的产品创新,促进产业升级的加快。

二、产业集群形成的因素

(一)影响产业集群形成的理论因素

1. 产业集群的形成机制

基于古典经济学的观点对产业集群最早进行研究的是马歇尔。他指出,企业的区位集聚有三个原因:

(1)劳动力市场共享。几个企业集中于一个区位,提供了拥有特定的产业技能的劳动力市场,确保了工人较低的失业概率,并降低了劳动力出现短缺的可能性。

(2)中间投入品共享。地方性产业通过产业的前后关联效应可以支持非贸易的专业化投入品生产。

(3)知识溢出效应。知识的溢出可以使集聚企业的生产函数好于单个企业的生产函数，尤其是通过人与人之间的交流而促使知识的地方化溢出。

2. 聚集经济概念的提出

韦伯最早提出聚集经济的概念，他在分析单个产业的区位分布时首次使用聚集因素。韦伯是在试图寻找工业区位移动的规律、判明个别影响工业区位的因素及其作用的过程中开始研究聚集问题的。他把影响工业区位的因素分为区域因素和位置因素，其中位置因素就包括聚集因素和分散因素，并在探讨影响聚集的一般因素中利用等差费用曲线来解释产业聚集的程度。韦伯还认为聚集之所以形成是因为各个工厂为了追求效益的增大、成本的节省而自发形成的，只有当工厂为追求聚集利润而迁移，且所增加的运费小于或等于迁移后聚集节约的成本时，换句话说就是只有当聚集点位于决定性等差费用曲线内或曲线上时，迁移才可能发生。如果能提供聚集好处的聚集点位于决定性等差费用曲线之外，意味着所增加的运费大于所节省的成本，此时工厂从自身利益出发是不会趋向于聚集点的。因此，他认为聚集的产生是自下而上自发形成的，是通过企业对聚集利润的追求而自发形成的。从这个意义上来说，集群的形成是不需要政府这种外部力量的。韦伯的聚集经济理论尤其强调了工业、企业在空间上的规模化，将聚集经济视为一种规模经济效益，或者说聚集能够享受专业化分工的好处。

3. 对产业集群的解释

继马歇尔、韦伯之后的区域经济学家佩鲁的增长极理论也对产业集群的形成做出了解释。佩鲁认为区域的经济增长源于区域的增长极，区域增长极是位于某些区域或地区的一组扩张中的、诱导其区域经济活动进一步发展的一组产业，并通过产业的集聚效应促进区域经济的增长。增长极理论侧重于推动性产业集聚与经济增长的关系研究。保德威尔认为推动性产业能够导致两种类型的增长效应：一种是里昂惕夫乘数效应，它通过部门之间的相互关系来发生；另一种是极化效应，当推动性产业生产的增加导致区域外其他活动产生时，这种效应就会发生。所以，当政府将某种推动性产业植入某一地区后，将产生围绕推动性产业的集聚，再通过乘数效应以及极化效应，就会导致区域经济的增长。增长极理论强调推动性产业的巨大作用，也强调政府和企业对推动性产业建立的巨大作用。这样的产业集聚强调的是一种自上而下的观点，政府在产业集聚的形成和发展过程中都担当着重要的角色。对产业集群研究最有影响的经济学家应该是迈克尔·波特，他提出了著名的钻石模型，并从经济竞争优势角度出发研究了产业集群的经济现象,从产业集群的诞生、发展和衰亡来探讨产业集群政策。他认为产业集群的形成是由于某地在特定历史情景下,形成了钻石体系的部分条件。从这种意义上说,产业集群是自发形成的,不过政府政策对产业集群的形成也有促进作用。因此,产业集群政策应以已经存在或正在萌芽中的,且已通过市场测试的新兴领域为基础,专注于取消妨碍集群形成和成长的阻碍,使产业集群的发展与升级更顺畅。波特还指出,产业集群一旦形成就会出现连锁反应,因果关系也很快变得模糊,整个流程大量依赖钻石体系中各个箭头的效能或回馈功能的表现。在一个健全的产业集群中,企业数目达到最初的关键多数时,就会触发自我强化的过程,但产业集群的发展要兼顾深度和广度,通常需要十年甚至更长的时间。因此,政府不能试图创造全新的产业集群,新的产业集群最好是从既有的集群中培养。波特在探讨产业集群衰亡的原因时把它们归结为两个方面的因素:一方面是内生的,源自地方本身;另一方面是外来的,由外部环境持续或中断发展所造成的。因此,政府应该着眼于改变集群政策的僵化模式,并不断地引入新思维,防止产业集群成员的集体思考模式的僵化,政府还可以从其他地方引进新技术或购买能力、引进人才,促进本地产业集群的创新,从而促进其升级与变迁。波特的思想不仅成为产业集群研究的典范,也成为国家和地方经济政策制定者的经济发展良药。

(二)产业集群形成的动因

1. 自然资源可以成为引发产业集聚的一个重要诱因

在产业集聚区形成的过程中,自然资源也存在着一定的影响,起到了一个基础性的作用。良好的自然条件能够使企业降低运输成本和迅速获取市场信息,这些好处吸引中小企业倾向于在有利的地理位置上集中,从而成为产业集群形成和发展的诱因。马歇尔认为,"许多不同的原因引起了工业的地区分布,但主要原因是自然条件,如气候和土壤的性质,在附近的矿山,或是水陆交通的便利"。因此,金属工业一般是在矿山附近或是在燃料便宜的地方。自然资源对特定集群的存在有重要的作用,这种影响即使在直接作用消失之后也仍然存在。具体表现:自然资源是某些产业集群(特别是资源型产业集群)形成的基础。自然资源在资源型产业集群的形成和发展过程中起到了根本性作用,这是因为:

（1）其原料指数较大,如金属矿石。

（2）某些自然资源属于局地原料,具有鲜明的地方特色。如名贵稀有中药材、稀有金属等。

（3）除了运输成本较高之外,某些局地原料远距离运输较为困难或者不经济,如新鲜蔬菜、水果等。

2. 集聚经济优势影响产业集群

集聚经济优势主要来源于两个方面:基于知识集中与外溢的技术型外部性和基于市场供求联系的金钱型外部性。集聚经济优势主要强调了专业化分工、规模报酬递增、消费多样化与产业空间结构的关系,认为现实中的区域经济发展必然表现出"块状式"的非连续和突发性过程,经济系统的内生力量是影响经济活动差异与区域产业集群出现的主要原因。

（1）技术型外部性与产业集群。熊彼特（1939）指出,创新并非独立的,也并非在时间上都是均一的,相反,创新往往是以集群的形式出现,而不是以随机的方式在经济体系中分布,而是以特定的行业和相邻行业为中心的。这是因为,技术创新的产生必然会导致技术的传播,而技术创新传播的过程也会受到空间范围的制约,即,距离技术创新点较近的企业,更有可能获取到新技术。所以,许多企业都会向技术创新发源地靠拢,并以技术发源地为中心,在一定的空间范围内形成集群。技术与人才对于产业集群尤其是高新技术产业集群的形成与发展具有重要作用。

（2）金钱型外部性与产业集群。金钱型外部性与产业集群的形成,是经济学与新经济地理学共同关注的重要议题。金钱型外部性主要描述市场中供给与需求之间的经济互动如何受到市场价格的调节作用。更具体地说,它涵盖当地市场状况以及物价指数变动对企业和整个产业成本结构的影响。当某一产业内的企业随着该产业的繁荣而蓬勃发展时,其投入的生产要素的市场价格往往会下降,进而降低企业的单位生产成本。这种成本降低的现象,正是金钱型外部性的直观体现。

（3）厂商异质影响产业集群。标准的新经济地理学认为,产业集群的形成与发展主要是由于地方市场需求所诱发的循环累积机制的作用,但是,绝大多数新经济地理学理论模型却把生产厂商假设为对称的同质性。实际上,在现实生活中,厂商之间的规模相差很大,由此,它们的生产率也相差很大,不同规模的厂商有不同的区位选择行为,不同的相关活动倾向于集聚在不同的地方,从而导致产业集群的出现与发展。按照厂商同质性假设的逻辑,在最终均衡时,不仅同一区域的集群企业都具备相同的成本结构和知识基础,而且由于跨区域网络的存在,不同区域的集群企业的成本结构和知识基础也应该是相同的。但在现实生活中,由于厂商异质性的影响,不仅不同区域的集群企业的成长性具有显著的差异,而且同一区域的集群企业的成长性也存在着显著的差异。集群内的异质的企业,可以通过多种途径进行合作,使企业生产系统的内力和企业外部资源的外力有效地结合起来,达到资源共享和优化配置,从而降低企业的生产成本,形成一种企业集群的邻近效应和社会效应,提高区域的整体竞争力。

(4)政府的作用影响产业集群。在配置资源的过程中,市场是一只"看不见的手",政府是一只"看得见的手",两只手的结合使用是现代市场经济的特点。而政府在市场经济中履行职能的一般理由是市场失灵,市场的失灵为政府职能作用的发挥提供了依据和空间。政府在促进产业集群可持续发展方面的功能体现在:第一,发起或推动网络中介和仲裁服务,例如发起或推动行业协会、制定参与行业规则的制度、提供正式或非正式的知识交流场所和机会等;第二,创造一个鼓励创新和不断升级的氛围,设立和发展促进集群技术研发的竞争项目及计划,加强与科研院所的联系,以期攻破集群可持续发展的技术难关;第三,发挥与区外知识、信息交流的促进者和协调者的作用,提高集群与市场的对接能力;第四,作为区域代理人,实施区域整体营销,构建和维护区域品牌形象;第五,保证产业集群的开放度,降低集群的进入与退出壁垒,使企业能够自由进入或退出,这是防止集群成为孤立的、内向的系统,保证产业集群持续创新能力的关键。

三、产业集群的形成类型

世界各主要国家的产业发展都表现出集群化的趋势,形成了许多富有竞争力的产业集群。产业集群大致可以分为纵向集聚、横向集聚和区位指向集聚三类。

(一)纵向集聚

纵向集聚是指产业纵向关联而形成的产业集群。集群内的企业同属于一个产业的上、中、下游,企业间在生产过程中存在投入产出关系,产业链是企业形成集群的纽带,企业在产业链上占据合适的位置,形成合理的分工和协作状态。集群中还存在为每一链条上的企业服务的外国企业,如供水、供电、运输、社会服务等。

(二)横向集聚

横向集聚是指以区域内某一主导产业为核心,通过企业间的横向联系,外部形成多层次的产业群体。集聚带来外部规模经济,而且相互间的竞争也使企业充满活力。在主导产业的周围同样存在一系列的外国企业,他们共同构成产业集群。

(三)区位指向集聚

区位指向集聚是指同一产业或不同产业的众多小企业因区位优势而形成的集聚。这些优势包括:劳动力的集中、信息和技术发达、原料和燃料集中、接近产品的消费市场、交通便利等。

四、产业集群的集群效应

产业集群是当今世界经济中颇具特色的经济组织形式,它表现为在某一特定领域(通常以一个主导产业为核心)中,产业联系密切的企业以及相关支撑机构在空间的集聚。集群内的企业通过共享基础设施和市场及技术信息,创造良好的产业软环境,形成完善的创新体系,从而促进产业的发展,带动区域产业结构优化升级,是区域竞争力的重要来源。产业集群之所以能够具有如此大的促进经济发展的作用,关键就在于它本身所特有的集群效应。

(一)外部规模经济效应

产业集群的重要特点之一,就是它的地理集中性,即大量联系密切的企业以及相关支撑机构集中在特定的地域范围内。正因为这种产业地理位置的集中,在集群内的企业可以共享各种基础设施、专业信息资源和市场网络;共同利用某些辅助企业,包括提供零部件或中间产品、加工下脚料或废料,以及提供生产性服务的辅助企业,节约生产和运输成本;可以面对面交谈,从而增加了解与信任,并互通情报,减少信息搜寻和交通成本;可以促进技术创新,加快知识的扩散等,由此产生了外部规模经济效益。

（二）专业化分工效应

不同类型的企业集中在一起,相互形成非常有默契的协作关系,依照产业链的形式形成上下游关系,并且分工明确。尤其是随着产业的发展,生产方式越来越专业化,原来内耗在集群产业中的生产性服务,逐渐被剥离出来,形成新的产业服务,集聚在龙头企业周围,逐渐发展为配套的产业集群。

（三）集体效应

在产业集群内,企业与企业间,既存在着竞争关系,同时又存在着合作关系,通过各种形式促进相互之间的合作,有着密切联系。为了降低企业与企业间利益上的冲突,清除交易过程中的各种障碍,企业可以借助互联网实现技术研发、产品营销等方面的合作,达到高效的合作方式,从而缓冲企业间的利益冲突,实现共赢。并且企业间的相互合作有助于建立同盟伙伴关系,实现专业化的生产模式,从而提高生产效率。

（四）溢出效应

在产业集群中,由于地理位置接近,企业间正式与非正式交流十分密切。这有利于各种新思想、新观念、新技术和新知识的传播,由此形成知识的溢出效应,获取"学习经济",增强企业的研究和创新机制。企业不断创新,会引发产业的技术进步,进而实现产业升级与优化。

五、我国的产业集群发展

我国地方经济中有许多富有竞争力的产业集群,其中浙江省的产业集群发展尤为突出。我国产业集群的形成和发展具有以下几个特征。

(1)政府政策的引导和支持对产业集群的形成有重要影响,其主要表现是工业园区的建立。工业园区是地方政府为吸引资金、引进技术和实现工业发展目标而设置的实行优惠政策的特殊区域。工业园区通过完整而周全的规划来建设适于工业实体进驻的区位条件,吸引企业向园区集聚,形成各具特色的产业集群。我国的工业园区有出口加工区、投资促进区、科技工业园区、经济技术开发区、保税工业区、多功能综合性经济特区等。

(2)地方化生产要素吸引企业集聚,产业集群进一步强化地方生产要素效应。地方在某些生产要素上具有优势,如丰富的自然资源、人力资源、资本资源或知识资源等,为了利用这些优势生产要素,企业便在区域内集中。当主要竞争对手集中于一地时,资本、人力和知识的优势被进一步强化,吸引更多的相似企业向区域集中,促进产业集群不断发展。

(3)产业集群带动相关产业的提升。许多产业的优势在于其相关产业存在优势,相关产业带动上、下游产业的创新和发展,形成提升效应。供应商是下游产业创新和升级不可缺少的一环,同样,下游产业的升级也向上游产业提出了要求。

(4)产业集群使产品的差异化凸显。产业集群使集群企业的竞争加剧,为了获得竞争优势,企业不断提高产品的差异性,满足客户的要求。产品的差异性弱化了同质商品的价格竞争,既避免了同类企业的无序竞争,又能保持足够的竞争动机,刺激产品创新。

我国的产业集群主要建立在中小企业的基础上,在产业集群的形成上对产品生产过程的可分性和产品的可运输性有更高的要求,为中小企业的分工与协作提供了必要的条件。

第二节　产业融合

产业融合是信息化进程中呈现的一种产业新范式,正在全球范围内呈现出蓬勃发展的态势。对产业融合的研究已经成为经济学、管理学、社会学和地理学等众多学科的研究热点之一,并引起了地方政府和决策部门的极大兴趣。对产业融合内涵、基本特征、类型和动因进行梳理,便形成一个比较系统的产业融合基本理论体系。

一、产业融合内涵

产业融合是伴随技术变革与扩散过程而出现的一种新经济现象。国外产业融合思想最早起源于美国学者罗森伯格(1963)。但是直到20世纪70年代末,这种现象才受到广泛关注,并最初是来源于实业界关于"电脑和通信融合图景的描绘",此后才扩展到学术界和政界。

1978年,马萨诸塞理工学院媒体实验室的尼古路庞特对计算、印刷和广播业三者间技术融合的模型化进行了描述,认为交叉处是增长最快、创新最多的地方,开启了学术界对产业融合研究的大门。此后的一段时间里,学术界对产业融合的研究成果也只是零星地出现。直到 20 世纪 90 年代中后期,美国新电信法案通过后,信息通信领域里跨媒体、跨产业、跨地域的企业并购风起云涌之时,才出现了产业融合研究的高潮,大量研究文献才开始出现。国内外学者对产业融合现象进行研究时,尝试着从不同视角对其内涵进行界定,结果使得其内涵至今仍未形成一致意见。具体而言,现有研究成果主要是从技术、产品、企业、市场及制度等视角来界定产业融合内涵的。

(一)技术视角

产业融合现象研究最早始于技术融合。罗森伯格(1963)在对美国机器工具产业演化研究中发现了同一技术向不同产业扩散的现象,并把该现象定义为"技术融合"。所谓技术融合,是指迄今为止不同产业分享共同知识和技术基础的过程(Athreye & Keeble,2000;Fai & Tunzelmann,2001;Lind,2004;张磊,2001),也是某些技术在一系列产业中的广泛应用和扩散,并导致创新活动发生的过程(Sahal,1985;Dosi,1988;岭言,2001;卢东斌,2001)。当不同产业技术的一体化(即共享相同的技术基础)显著地影响或改变另一产业中产品、竞争、价值创造过程的本质(Lei,2001)时,意味着技术融合产生。融合被界定为新技术不断替代以前技术的过程(Gains,1998)。

(二)产品视角

产业是由具有同类属性的企业组成的,产品是同类属性的重要体现与载体,因此一些学者从产品视角来界定产业融合。从需求角度看,产业融合是指以产品为基础的融合(Stieghtz Nils,2003),或者是采用数字技术后原本各自独立的产品的整合(Yoffie,1997)。这种融合可以分为替代性融合与互补性融合(Greenstein Shane,Khanna Tarun,1997;Stieglitz Nils,2003;张磊,2001)。

(三)企业视角

企业作为产业融合的主体,在产业融合中,两个或多个以前各自独立的产业,当它们的企业成为直接竞争者时,即发生了融合(Malhotra,Cupta,2001;植草益,2001;马健,2003;李美云,2007)。产业融合的发起者是企业,但仅以企业竞争合作关系的变化作为衡量产业融合是否发生的标准,往往忽视了处于不同产业而互补的企业。

(四)市场视角

融合是消除市场准入障碍和产业界限后,迄今各分离市场的汇合与合并(Lind,2005),融合型产业出现萌芽状态后,这种融合是否成功乃至能否持续下去需要经过市场的检验。对于市场而言,需要达到相应的收入弹性条件和生产率上升条件,该产业才具有潜在的市场。此外,还有学者从更广范围研究产业融合含义,如基于企业对产业融合的反应(Estabrooks,1995;Malhortra,2001),基于产业演化角度(Stieglitz,2002),基于产业边界视角(植草益,2001;周振华,2003;周旭霞,2007;高煜、刘志彪,2008)、产业属性视角(厉无畏,2002;陈柳钦,2006)及模块理论视角(朱瑞博,2003),基于从产业融合的关键特征进行定义和从产业融合的涉及范围进行定义(胡永佳,2007)。

郑明高博士认为:从信息通信产业角度看,产业融合是在技术融合、数字融合基础上所产生的产业边界模糊化,最初指计算机、通信和广播电视业的"三网融合"。从原因与过程看,产业融合是从技术融合到产品和业务融合,再到市场融合,最后达到产业融合,是一个逐步实现的过程。从产业服务和产业组织结构看,伴随着产品功能的改变,提供该产品的机构或公司组织之间边界逐渐模糊。从产业创新和产业发展看,指不同产业或同一产业不同行业在技术与制度创新的基础上相互渗透、相互交叉,最终融合为一体,逐步形成新兴产业形态的动态发展过程。

综合来看,虽然学者们对于产业融合的定义各有侧重,但本质上来看,他们都基于一个共同认识:产业融合是一种从信息产业逐渐扩散的全新经济现象;产业融合的发展态势已广泛影响到世界产业的走向,并必将重塑全球产业的结构形态。

二、产业融合的基本特征

对于产业融合的内涵定义,尽管由于视角不同,各种表述也不尽相同,但具有共同的特征。

(一)产业融合本质上是一种创新

在信息化时代,产业融合是一场新的产业革命,它加速了社会经济系统的深刻变革。产业融合在本质上是一种突破传统范式的产业创新,它丰富了传统的产业创新理论。新产业革命不仅仅是信息技术产业对传统产业的整合和改造,更重要的是以信息技术与信息产业为平台,关联产业互动与融合形成了一种新的产业创新方式。

(二)产业融合往往发生在产业边界处

产业融合发生的前提条件是产业之间具有共同的技术基础,能够首先发生技术融合,即一产业的技术革新或发明开始有意义地影响和改变其他产业产品的开发特征、竞争和价值创造过程(Lei,2000)。因而产业融合一般发生在产业之间的边界和交叉处,而不是发生在产业内部。产业融合不是产业重叠,因为信息化并不能完全消除产业边界,融合后的新产业可能会在很大程度上替代原有的产业,但是并不能完全替代原有产业,而是部分替代。

(三)产业融合是一个动态的过程

在产业融合发生之前,各产业内的企业之间是相互独立的,它们各自生产不同的产品,提供不同的服务,完全是一种"互不相干"的状态。随着企业规模的扩大和技术进步,一些企业为了生存,选择了多元化生产的路径和方法,生产多种产品,提供多种服务,这样一来,就会有部分企业的产品和服务有接近的地方,但它们之间的影响甚小。当越来越多的企业选择多元化生产和服务时,产业边界会逐渐模糊,不同产业之间发生交叉,融合型产品出现,标志着产业融合的发生。不同产业之间的相互促进,会促进产业创新,当新兴产业出现并且融合型产品成为市场的主导时,产业融合的实现就成为事实。

(四)产业融合是产业间分工的内部化

产业融合是产业分工的新路径和新起点。分工的基本含义是由两个或两个以上的个人或组织去执行原本由一个人或一个组织所执行的不同操作或职能,融合的基本含义是由一个人或一个组织去执行原本由两个或两个以上的个人或组织所执行的不同操作或职能。

(五)产业融合是信息化与工业化融合的重要依据

信息化和工业化都是社会生产形态演进过程,在演进过程中生产方式内容包括发展理念、发展方式和发展动力、产业内容和管理模式等多方面。产业内容则是对应生产方式的重要组成部分和基础,没有产业内容的生产是不存在的,无法促进社会形态的变化。推进信息化与工业化的融合应首先促进产业融合,用信息化的先进技术、理念和管理模式推动传统产业分解和重构,促进产业创新,实现新的市场、业务和产业发展,所以产业融合应是信息化与工业化融合的重要依据和出发点。

三、产业融合的类型

产业融合作为现代经济的新现象,从不同的角度分析会得到不同的结果。国内外学者基于自己的研究视角进行了分类,归纳起来可以分为以下几个大类:

(1)从技术角度分析,格林斯腾、汉纳(1997)和张磊等学者认为产业融合包含两类模式:第一类是替代性融合,表现为一种技术取代另一种技术;第二类是互补性融合,表现为两种技术共同使用比单独使用时效果更好。

(2)从市场供需角度分析,分为需求融合和供给融合两类。派宁斯和普罗纳姆(2001)在替代-互补的角度基础上,增加了供给-需求的角度,通过 2×2 矩阵把产业融合分为供给替代性融合、供给互补性融合、需求替代性融合和需求互补性融合四类。麦霍特纳(2002)从功能融合和机构融合出发,认为产业融合的三种类型为:高功能和高机构融合(纯粹的融合)、高功能和低机构融合(需求驱动的融合)、低功能和高机构融合(供给驱动的融合)。

(3)从产品角度分析,周振华(2004)把产业融合区分为替代型融合、互补型融合和结合型融合三种类型。王丹(2008)把产业融合概括为以下三种形态:一是改造型融合;二是互补型融合;三是替代型融合。

(4)从融合程度分析,植草益(2000)和厉无畏等(2003)都将产业融合分为全面融合和部分融合。马健(2003,2006)从产业融合的程度和市场效果,将产业融合分为完全融合、部分融合、虚假融合三种类型。

(5)从制度视角分析,胡金星(2007)将产业融合分为微观层次的标准融合与宏观层次的制度融合两类。

(6)从产业角度分析,胡汉辉、邢华(2003)将产业融合分为产业渗透、产业交叉、产业重组三种形式。聂子龙、李浩(2003)提出产业融合有四种主要形式:高新技术的渗透融合、产业间的延伸融合、产业内部的重组融合、全新产业取代传统旧产业的融合。

除了以上的分类标准之外,斯蒂格利兹(2002)的研究涵盖了前三类的标准(技术、供需、产品),将产业融合分为以下四种基本类型:技术替代性融合、技术互补性融合、产品替代性融合、产品互补性融合。从供给方来看,用相同的技术生产不同的产品和服务,即为技术融合;从需求方来看,用不同的技术提供替代性或互补性产品,则为产品融合。胡永佳(2007)在其博士论文中提出从生产、供给的角度对产业融合进行分类:从产业融合的方向上看,可分为横向融合、纵向融合和混合融合;从产业融合的结果上看,可分为吸收型融合和扩展型融合。

四、产业融合的动因

国际上,各个国家都在大力发展产业融合,通过国际上产业融合实践来看,推动产业融合的因素主要来自技术、政府、企业、市场等层面,既有国际形势所趋、时代发展所迫,更有技术创新的驱使,一方面市场需求的驱动,另一方面政府外部政策措施支持。总而言之,产业融合是社会经济发展的必然。

(一)产业发展的内在规律

人类社会的发展离不开其客观规律,产业的发展也必然遵循经济发展的一般规律。在产业发展过程中,产业的种类愈来愈多,产业的发展态势愈来愈复杂,产业间的相互交叉影响愈来愈严重,从而随着产业融合的产生,产业结构发生了很大变化,在原有的基础上,使之越来越优化,是实现产业结构优化的唯一路径,在很大程度上提升了产业市场竞争力。

(二)技术的创新

产业融合势必要实现技术上的创新,技术创新是推动产业融合的前提条件,按照其产生的效应可分为两种性质,一种是革命性的技术创新,另一种则是扩散性的技术创新,这两种虽然性质有所不同,但对产业的发展影响是有所相同的。首先,技术上的创新要求技术上的融合,而技术上的融合加快了产业融合技术创新的步伐,尤其是扩散性的技术创新是促进产业融合的重要驱动,更催化了产业融合的发展。可以这么说,产业融合是建立在技术创新与技术融合的基础上的,而对传统产业体系革命性的改变,是新产业产生的重要缘由。产业融合不仅助长了经济的发展，而且在很大程度上优化了产业结构。

（三）企业内部因素

企业间日益密切的竞争合作关系和企业对效益、效率的持续追求是产业融合发生的重要原因。同一产业内部不同企业间的合作只是使企业的规模扩大，而不同产业间企业的合作则是产业融合的组织基础。企业之间通过竞争与合作，使更多的资源能在更广阔的范围内得以合理配置和利用，生产出来的产品和服务将会更具有竞争力。所以，企业间的竞争合作关系是产业融合的企业动因。不同产业中的企业为追求范围经济而进行多元化经营、多产品经营，通过技术融合创新改变了其成本结构，降低了其生产成本，通过业务融合形成差异化产品和服务，通过引导顾客消费习惯和消费内容实现市场融合，最终促使产业融合。

（四）市场需求的扩大

市场需求的扩大是产业融合的推动力。随着社会经济的发展，人类的需求不断提高，人们往往追求更加方便快捷、满意舒适、低成本高效率的消费方式，这种无止境的需求使得企业不断谋求创新发展。随着技术不断创新和扩散，产业融合不仅出现在信息通信业，金融业、能源业、运输业的产业融合也在加速进行之中。现代社会的消费正朝着享受型消费发展，产品只是一个待发生的服务，服务则是实际上的产品。在这种情况下，只有同时既是产品又是服务的供应才能满足消费需求，正是市场需求的变化推动了产业融合的发展。

（五）跨国公司的发展

跨国公司的快速发展是产业融合的重要载体。在经济飞速发展的今天，企业的技术、经营、战略等都需要随时更新，才能赶上信息化时代的步伐。从20世纪起，跨国公司的发展为全球经济体带来了新的活力。在当前技术飞速进步和竞争日趋激烈的背景下，各国的跨国公司和大型企业集团在扩大经营规模和服务范围时，综合了技术开发、投资、服务等于一体的计算机网络和通信网络的融合为跨国企业的全球化发展提供了重要的技术支撑平台。根据整体经济利益最大化和共赢的原则，跨国公司在开展国际一体化经营活动中，已开始从产业划分战略转向产业融合战略。可以说，跨国公司是推动产业融合发展的主要载体。

（六）政府管制的放松

政府管制的放松为产业融合提供了外部条件。20 世纪 80 年代以来，技术创新和技术扩散改变了自然垄断产业的技术基础，由于更多企业可以同时享有新技术的溢出效应，引起自然垄断产业的成本函数和市场规模的变化，这些都在一定程度上改变了它的自然垄断性质。从自然垄断到垄断竞争，再到完全竞争、竞合关系的出现，都离不开政府管制政策的放松。管制的放松导致其他相关产业的业务加入本产业的竞争中，从而逐渐走向产业融合。

五、产业融合中存在的问题

产业融合在发展过程中，已经改变了很多行业和领域的现状，它正在改变着我们的生产和生活方式，但仍然面临着很多问题和挑战，包括认知问题、宏观环境问题、微观技术基础问题等。

（一）对产业融合的认知问题

一个新生事物或新兴产业要想发展，对于它的认知是第一位的，只有在充分认知的基础上，才会有宏观政策的改变和微观技术基础的提升，它才能够稳步推进。产业融合作为一种新兴产业革命，尽管在某些领域已经取得了不错的成果，但我们对于它的认知还不深入，没有完全理解产业融合的实质和意义。

第一，对于产业融合的广阔前景仍持怀疑态度，对其未来的发展方向把握不准，特别是对它带来的全方位冲击缺乏足够的准备和应对措施。由于我国的一部分人观念落后，长久以来的小农意识导致了很多企业都以"拥有"为第一要务，而不愿意与人合作，失去了在产业融合中壮大自己的机会。

第二，片面理解产业融合的实质，夸大了产业融合的效应。有的观点认为，产业融合只是某一产业或某几个产业发生的一种简单混合现象，忽略了其中的风险因素。企业由于盲目地多元化扩张，而没有注重各产业之间是否协同互补，最后反倒处于不利境地。

第三，对于产业融合的认知导致了消费需求问题。产业融合能否最终实现，关键取决于融合型产品对传统产品的替代能力，这与消费需求能力密切相关,具体表现在消费者的购买能力、消费行为惯性与消费者的学习能力等。对产业融合认知不足,对融合型产品的市场会产生巨大影响,消费需求的降低必然会导致其替代传统产品的能力降低,不利于产业融合的进一步发展。

(二)产业融合中的宏观环境问题

产业融合的发展离不开外部环境的影响,它需要政府宏观政策和制度的支持。产业融合过程中,同时也面临许多亟待解决的问题。产业融合与制度因素有重要关系,制度因素是影响产业系统开放性的重要变量,具体表现在产业管理体制与市场结构垄断因素等。由于不同管理主体有着不同的利益诉求,当不同产业分别由不同管理主体进行管制时,其结果是导致产业系统的封闭性。政府的政策在一定程度上决定了产业的结构形态,例如电信、铁路、煤炭、航空等行业还是以国企垄断为主,要想实现产业融合,还需要政府政策的放开,允许更多的市场主体加入这些产业当中。但我国政府规制还很不规范,目前面临的主要问题是如何放松产业管制以促进产业融合。发生在电信、出版和广播电视产业之间的融合经常受到产业管制环境的影响。事实上,只有在放松管制的条件下,才会使企业互相介入,从而推动产业融合的发展。在产业融合过程中,常常由于市场瓶颈的制约而未能达到预期效果。

(三)产业融合中的技术基础问题

产业融合的主体是各类企业。企业的融合发展不仅需要良好的外部环境,更重要的是企业自身的能力问题。如果企业自身能力不行,即使国家政策做好了各种铺垫,这些促进产业融合的政策措施也无法真正发挥其功能。由于很多企业的技术创新能力不强,没有强大的技术基础做支持,只能依靠贴牌生产国外公司的产品。技术上的不完善使得融合后的新产品、新业务不能满足新需求,缺乏市场活力,不能得到广大消费者的青睐,最后不得不退出融合市场。金融产业的融合离不开信息安全技术的发展,网上银行、网上支付等业务都需要数字技术的大力支持和保障。在信息产业融合中不同行业相互融合过程中往往存在着技术融合上的障碍,而这种障碍又可分为标准接口、技术刚性和技术不完善。例如,信息技术企业间为取得垄断优势而进行的"标准"竞争会引发标准接口产生封闭性,而不同产业产品在联合使用时应具有共同的标准硬软件接口,这一技术矛盾会阻碍产业融合的发展。另外,在高科技产业与传统产业的融合过程中,技术刚性的存在,使得传统产业旧的生产技术对外来的新技术具有一定的排斥性,影响了新技术扩散,降低了技术的扩散效应和溢出效应,同时阻碍了传统产业的信息化进程。

六、促进我国产业融合的相应措施

产业融合对产业发展已产生巨大影响和重要作用,产业融合的新趋势对我国经济在新世纪的发展具有极其深远的意义。为了顺应产业融合这一趋势,我国政府应制定相应的措施来促进我国产业融合及产业的健康发展。

(一)政府要为产业融合创造良好的支持环境

一个良好的支持环境可以维护市场竞争的公平性,降低交易费用和使交易活动加快,保护市场主体(企业)的合法权益,完善市场的决策与管理。政府在促进产业融合过程中,积极推进产业融合机制的建立,包括组织协调机制、企业为主体机制和提供必要服务的中介机制。这些机制在实践运作上没有统一的模式,政府应为三大机制的建立提供良好的制度和政策环境。

(二)适应产业融合的要求和原则,适时改变现有产业管制政策

产业融合要求政府要着重于关注受规制产业的发展态势,充分考虑技术创新与技术融合对受规制产业所造成的影响。结合我国的战略部署以及技术发展情况,全面了解现有产业管制政策,顺应产业融合发展要求,对现有的产业管制政策进行规制改革。当前的产业融合形势,要求应当进行政策的放宽,这对产业市场准入管制方面提出了新的要求,要求新的管制政策,才能从根本上解决问题。产业融合不仅在管制政策上进行改革,还要求改变原有的产业管制框架,对我国产业管制框架进行适当的调整,要尽快形成一套系统的管制模式,突破当前政府与相关部门分割的这种局面,打破部门、行业等对产业的界限,使市场全面为之放开,促使其产业与市场形成良好的市场经济互利关系,从而有助于推进产业间的融合。

(三)创造良好的技术平台与产业平台

全面发展高新技术以及产业的同时,为产业间的融合创造一个良好的技术平台与产业平台。从这个角度来看,势必要发展高新技术,这就要求着重于

产业技术上的创新，产业技术上的创新是提高产业核心竞争力的关键，政府应当充分发挥政府职能，通过各种政策支持产业技术上的突破。核心技术的产业化、自主化是一个国家的显著优势，也是显著标志，这标志着一个国家在国际上的地位，这尤为关键。当前，由于我国的网络设备开发相对落后，绝大部分高端技术设备基本上都是来自国外进口，这在很大程度上需要投入大量资金。因此，为了打破这一现象，需着重于开发信息产业中的关键性技术，重点开发独属于国家自己的设备自主知识产权。实际上，高新技术产业的主体是企业，政府应当通过各种政策鼓励企业进行高新技术投资，提高高新技术研发水平，从而促进我国产业技术的发展。

(四)建立实现产业融合的企业主体机制

促进产业融合，加快产业融合，则意味着传统企业观念上的转变与革新，通过各种方式与手段推进产业融合，企业作为产业融合的主体，要充分认识到产业融合的重要性，产业融合不仅是促进经济发展的重要途径，还是优化产业结构、带动地区经济发展的唯一路径，更是时代发展的必然选择。这就意味着企业要寻求创新，创新发展是企业健康稳定发展的前提，这就要求技术上的创新与突破。实际上，无论是以前的产业，还是新兴的产业，技术上的创新是一个必然选择，是顺应时代发展需求，是立足于长远发展的必然形势。

(五)大力发展教育，消除产业融合的人才瓶颈

产业融合的出发点是高新技术创新与突破，发展高新技术则意味着需要大量的技术人才，这就要求培养精通新技术的优秀人才。高科技人才是高新技术创新与突破的重要力量，人才培养是当前的首要任务。产业融合发展意味着不仅需要大量的高新技术人才，更需要跨行业的复合型人才，没有人才这个前提，产业融合无法进行，技术创新更是无从谈起，因此，应着重于人才的培养，高校是人才培养的重要根据地，与产业融合紧密相关，大力发展教育对于突破人才瓶颈有着重要意义。

(六)提高产业融合发展的国际空间

对一个区域来说，产业的有效升级一般有两条路径：一是沿着产业层次的不断提升，即从传统产业向高新技术产业、从轻工业向重化工业演进，这是众

所周知的产业升级路径。二是沿着全球分工体系中的价值链提升,即从低附加值产品向高附加值产品、从低加工度向高加工度、从生产普通零部件到关键的核心部件的基于专业化分工和协作的产业创新升级模式。由于区域和全球化的联系日益增强,区域产业创新不是封闭的,而是开放的,要与其他地区和全球产业价值体系相融合,使创新要素在跨区域和全球流动。因此,我们要加强与世界一流的跨国公司的合资与合作,吸引跨国公司的资金与先进技术,尤其要吸引跨国公司在中国设立研发中心、采购中心、管理中心;鼓励有条件的企业集团到国外投资,积极参与国际竞争,推进产业发展融入更大区域乃至全球产业价值链。

第三节 纵向产业组织

在产业组织理论研究中,纵向产业组织理论一直是研究的热点领域之一。事实上,由于涉及拥有两个及两个以上市场的产业链,情形复杂得多,因此到目前为止并未形成一个系统的纵向产业组织理论框架,理论成果仍在不断丰富之中。

一、纵向产业组织理论

纵向产业组织理论是一门研究产业链纵向关系上企业间的组织形式及相互关系的经济学理论,它属于产业组织理论的一个组成部分。在现实生活中,我们能观察到千姿百态的与纵向产业组织有关的经济现象,市场上几乎所有的商品都经过了数个中间产品市场才到达消费者手中,如苹果手机需要经过原料采购、组装加工、经销商,最后是分销商对消费者进行销售。这些产业链上的纵向关系必然引发很多的经济问题,如一些垄断产业如电力、铁路的改革问题,上游企业与下游企业的定价问题,制造商与分销商之间价格和非价格控制问题,等等。因此,需要对产业间纵向关系给出明确的理论指导。

产业组织学传统的研究框架是 SCP 范式,即研究产业的市场结构、企业市场行为和市场绩效三者间的相互影响关系。作为产业组织学的一个分支部分,纵向产业组织理论也同样是应用 SCP 范式来集中研究产业链纵向关系的,其形成与发展无疑都是以产业组织学的理论延伸为基础的。但纵向产业组织理论研究也有着自身的独特之处,最主要的特征是其研究的领域涉及产业链的纵向多个产业市场间的相互影响关系。

二、纵向产业组织理论的形成及发展

(一)纵向产业组织理论的萌芽

对于产业纵向关系的研究最早始于亚当·斯密(1776)的社会分工理论。斯密认为,社会分工能形成专业化,每个人专注于自己的专业领域将有助于劳动生产率的提高,因此使得整个产业链上的总体效率得到改善。实际上斯密所说的社会分工可以看成是纵向产业组织理论里的纵向分拆,通过产业链上的纵向分工、合作来增加整个社会的财富。

如果说斯密的社会分工理论强调的是纵向分拆对社会财富的增加,那么科斯(1937)关于企业本质的论述则是解释了产业组织纵向一体化的原因。科斯认为,纵向专业化分工虽然提高了各个环节的生产率,但同时必然产生了纵向的交易活动,这些中间产品市场的增加会带来更多的交易成本,例如价格的搜寻成本、缔约成本和监督成本等。纵向一体化的企业组织可以节约社会分工所带来的额外交易成本,由此科斯利用了交易成本理论解释了企业产生的本质。

与此同时,美国在内战结束之后开始出现的一系列产业垄断现象,使得反垄断问题得到了大量的关注。19世纪末20世纪初,美国工业生产的集中十分迅猛,在钢铁、石油、铁路、汽车、采煤、制糖、火柴、烟草等各个部门,都先后形成了规模巨大的托拉斯。这些托拉斯不仅在单一市场上形成垄断势力,同时也影响着产业链上下游的市场,例如19世纪80年代组成的标准石油托拉斯,在控制全美炼油产业的同时,又向上游垄断了原油生产领域和管道运输领域。鉴于许多产业内垄断势力的形成及其纵向扩张,美国在1890年制定了第一部联邦反垄断的法案《谢尔曼法》,同时关于产业纵向组织关系的理论也亟待研究。

(二)纵向产业组织理论的形成

作为产业组织理论的有机组成部分,纵向产业组织理论随着产业组织理论的形成而出现。从20世纪40年代开始,以梅森、贝恩等为代表的哈佛学派发表了一系列经典文献,提出了著名的SCP范式,对以后的产业组织理论研究产生了重要影响。早期经济学家们把 SCP 范式与企业纵向一体化和垄断联系起来,提出了杠杆理论。该理论认为,纵向一体化和纵向约束可以作为一个垄断势力在多个关联市场之间进行传递的杠杆。在产业链上具有垄断势力的企业可能会通过纵向一体化或者各种纵向约束方式在其下游市场(或者上游市场)中延伸其垄断势力,对下游市场(或者上游市场)产生了反竞争效应,侵吞了更多的消费者剩余,从而造成了消费者福利和社会福利的损害。因此,早期的纵向产业组织理论的研究倾向于对纵向一体化的否定态度。与此同时,美国这段时期企业间的纵向一体化和控制行为也受到了法律的严厉制约。

（三）纵向产业组织理论的发展

20 世纪 60 年代后期,以罗伯特·伯克、理查德·波斯纳、斯蒂格勒、德姆塞茨为代表的芝加哥学派对哈佛学派的纵向产业组织理论进行了严厉的批评。他们批评了早期哈佛学派关于企业通过纵向一体化来获得上游市场(或者下游市场)更多利润的观点,指出在产业链纵向市场中并不存在多个垄断利润,企业进行纵向一体化或者纵向控制也只是为了保留其在单一市场中的垄断利润,而非在相邻市场拓展其垄断势力。当纵向一体化或约束并不能带来企业利润的增加时,即使垄断企业具有在其上下游实施垄断势力的能力,也没有行使的激励。企业的纵向一体化或约束并未带来社会福利的损失,甚至有时会带来效率的提高和消费者剩余的增加,因此他们反对反垄断法对于垄断企业实施纵向一体化所使用的"本身违法"原则。

随着经济学家们关于纵向产业组织理论更多成果丰硕的研究,我们可以把 20 世纪 80 年代以来的研究观点归结为新纵向产业组织主义。雷伊和梯若尔(1986)、马修森和温特(1987,1997)、雷伊和斯蒂格利茨(1988,1995)、惠森顿(1990)和斯皮格尔和耶海兹克尔(2003)等人从不确定性、信息不对称、激励、纵向外部性等角度进一步阐明了后芝加哥学派对于纵向约束的态度。他们认为,纵向一体化和约束可以用来恢复垄断势力,但不会在其上下游关联市场上拓展垄断企业的垄断势力。另外,虽然由于假设条件等不同,研究并没有得到一致的结论,但结果表明,纵向一体化和纵向约束在可能提高经济效率的同时,也可能起到反竞争的作用,造成部分消费者福利和社会福利的损失,因为需要在具体的环境条件下对其谨慎分析。

三、纵向产业组织理论的学术地位、学术价值与现实意义

纵向产业组织理论是伴随着产业组织理论的发展而发展起来的，必然是把它作为产业组织学的一个重要组成部分，甚至也是产业经济学的一个重要组成部分。早期的产业组织理论主要是从某个行业的横向角度来进行 SCP 范式研究的，不过随着经济中主体结构的演变，单纯的产业横向研究已不能涵盖诸多经济现象，越来越多的产业链上下游企业间的关系需要研究，因此纵向产业组织理论作为产业组织理论的一个组成部分得到了越来越多的重视，同时也对传统的产业组织理论进行了十分有意义的扩充，具有重要的学术地位和学术价值。但至今产业组织理论本身对于纵向关系的研究也还没有形成一个统一的理论框架，纵向产业组织理论急需得到补充与完善，例如纵向产业组织理论的研究相对局限于简单的上下游两个市场间的关系。随着未来的不断充实，相信纵向产业组织理论必将拥有更高的学术地位和学术价值。

在现实经济生活中，我们能看到许多与纵向产业组织理论有关联的经济现象。我国的电信、电力等行业都在经历着分拆重组等结构性的改革，但是对于这些改革所带来的效率提高与否都缺乏一个明确的理论指导。虽然有许多的国外成功经验可以借鉴，但生搬硬套显然不适合。现实中这类问题的大量存在为产业组织理论中的纵向关系研究提供了一个广泛的研究基础，因此纵向产业组织理论极具现实意义。可以肯定的是，随着现有纵向产业组织理论的框架研究不断完善，与现实经济中的问题间的缺口不断得到填补，其必将能为国民经济的发展与改革提供更多指导，为政府对许多经济现象的政策规制提供依据。

第九章 战略性新兴产业

第一节 战略性新兴产业概述

一、战略性新兴产业的定义

战略性新兴产业是指以重大发展前沿以及高端技术的突破为基础,对社会经济发展有着很重要引领作用的产业,关系到国民经济的增长以及具有瞻远性和导向性的战略性产业。瞻远性是指战略性产业能够带动社会经济的发展,对于产业强国有着积极作用;导向性是指战略性新兴产业具有号召的作用,引领着将来经济发展的重心,还包括政府政策的导向,具有导向型的产业能够吸纳更多人才以及技术研发的投入。

二、战略性新兴产业发展的主要思路

战略性新兴产业不仅能够带动科研技术的发展,还能够很大程度上带动社会经济的发展,提高国民经济水平。扶持战略性新兴产业需要着重从以下这两个方面入手:

第一,站在政府的角度上,当前无论是产业建设还是民生保障,都是在政策与财政的基础上进行的,战略性新兴产业就意味着需要大量的资金与政策支持,大量资金的投入让战略性产业保持高水平的财政投入。

第二,站在市场的角度上,要使战略性新兴产业在市场激烈竞争环境下有长远的发展,跨越市场需求问题,就需要在政府主导下,在充分资金与政策的支持下,明确战略性新兴产业的发展目标,并且明确长远发展思路,才能够解决战略性新兴产业发展过程中存在的各种问题。

(一)确定各地区优先发展的产业及扶持顺序

当前我国如果对所有省份城市中所有类别战略性新兴产业实现财政支

持,这对于当前的财政来说,是无法实现的,所以这就要求有扶持顺序,对于有着技术上特大突破的科学技术领域的新兴战略产业要优先扶持。科学技术领域的新兴战略产业无论是对我国社会经济,还是国际地位,都有着非常的重要意义,优先选择的缘由在于不仅能够实现科学技术上的创新与进步,还能够在短时间内带动当地经济发展。

从当前的局势来看,新能源、节能环保、新能源汽车等产业不仅具有很好的发展前景,也符合当前"双碳"目标,并且顺应全球低碳发展趋势以及时代发展需求。最重要的是,新能源领域的产业能够带动一批相关产业的发展。可对于各个地区而言,国家发展不均衡使得各个地区无论是产业结构也好,还是发展水平也好,都存在着一定的差距。所以,在选择各个地区的战略性新兴产业过程中,不仅要结合当地的实际情况,还要从长远的角度出发,部署促进当地经济长远发展的战略。

(二)立足于市场需求,充分发挥政府引导和市场推动的共同作用

从长期来看,单靠政府投资是不足以支撑战略性新兴产业长久发展的,任何一个成熟产业都必须以市场需求为基础。所以,政府不仅应从产业政策上引导相关产业做大做强,同时还需要注重这些产业新产品的市场培育。更进一步地,还需要在地方具有较大自主权的基础上,完善市场培育的激励机制。此时,就要发挥政府对市场培育的推动作用,通过财政资金引导,突破战略性新兴产业面临的需求制约。这体现为以下政策思路:

第一,激发潜在的市场需求,改变新产品不易被市场接受的现状,以政府示范来克服潜在需求者在消费理念、消费习惯上的障碍。

第二,对新兴产业产品的供给方进行激励和扶持,促进企业规模经济的形成,降低生产成本以促使相关企业形成较强的竞争力。

第三,强化政府作为需求主体的作用。对于一些前景广阔但未形成竞争优势的产品,在其开拓市场初期,政府可作为重要的需求方,起到培育市场、增强产业吸引力的作用。

(三)立足于长远发展,但要把握对短期经济增长的影响

长远性是指战略性产业在市场、产品、技术、就业、效率等方面应有的巨大

增长潜力,而且这种潜力对于经济社会发展的贡献是长期的、可持续的。目前,战略性新兴产业多处于发展的起步阶段,虽然市场潜力巨大,但其成果的转化、对经济的直接带动仍需时日。因此,在产业逐渐发展与壮大期间,仍要注重经济的平稳增长,这就要求从宏观上,不仅要保证国内总需求的稳定,还需维持整个经济体的均衡运行。

简言之,即立足于可持续发展的产业政策并不能忽略短期经济发展的要求。在产业结构调整过程中,这种政策思路一方面体现在战略性新兴产业发展顺序与主导产业选择上,应根据发展潜力与成果转化时间合理安排产业发展的优先级。只有着力发展具有较强自主创新能力的先导产业,培育一批具有较强市场竞争力的品牌产品,打造一批经营能力强的龙头企业,形成一批战略性新兴产业集群,才能在产业结构转型期间继续保持经济发展的良好态势。另一方面,它还体现在战略性新兴产业与传统产业的关系上,即使新兴产业具有良好的发展前景,也不能忽略了对传统产业的投入和支持。各地区都应把握好政府扶持资金在战略性新兴产业与传统产业之间的合理分配,并形成长期合理的统筹规划。

三、发展战略性新兴产业的主要思路与基本原则

(一)市场主导、政府调控

充分发挥市场配置资源的基础性作用,以市场需求为导向,着力营造良好的市场竞争环境,激发各类市场主体的积极性。针对产业发展的薄弱环节和瓶颈制约,有效发挥政府的规划引导、政策激励和组织协调作用。

(二)创新驱动、开放发展

坚持自主创新,加强原始创新、集成创新和引进消化吸收再创新;加强高素质人才队伍建设,掌握关键核心技术,健全标准体系,加速产业化,增强自主发展能力。充分利用全球创新资源,加强国际交流合作,探索国际合作发展新模式,走开放式创新和国际化发展道路。

(三)重点突破、整体推进

坚持突出科技创新和新兴产业发展方向,选择最有基础、最有条件的重点

方向作为切入点和突破口,明确阶段发展目标,集中优势资源,促进重点领域和优势区域率先发展。总体部署产业布局和相关领域发展,统筹规划,分类指导,适时动态调整,促进协调发展。

(四)立足当前、着眼长远

围绕经济社会发展重大需求,着力发展市场潜力大、产业基础好、带动作用强的行业,加快形成支柱产业。着眼于提升国民经济长远竞争力,促进可持续发展,对重要前沿性领域及早部署,培育先导产业。

四、发展战略性新兴产业的发展目标

(一)产业创新能力大幅提升

企业重大科技成果集成、转化能力大幅提高,掌握一批具有主导地位的关键核心技术,建成一批具有国际先进水平的创新平台,发明专利质量数量和技术标准水平大幅提升,战略性新兴产业重要骨干企业研发投入占销售收入的比重在5%以上。一批关键核心技术达到国际先进水平。

(二)创新创业环境更加完善

加快推进重点领域和关键环节的改革,显著改善有利于创新战略性新兴产业商业模式、发展新业态的市场准入条件,以及财税激励、投融资机制、技术标准、知识产权保护、人才队伍建设等政策环境。

(三)国际分工地位稳步提高

涌现一批掌握关键核心技术、拥有自主品牌、开展高层次分工合作的国际化企业,具有自主知识产权的技术、产品和服务的国际市场份额大幅提高,在部分领域成为全球重要的研发制造基地。

(四)引领带动作用显著增强

战略性新兴产业规模年均增长率保持在20%以上,形成一批具有较强自主创新能力和技术引领作用的骨干企业、一批特色鲜明的产业链和产业集聚区。

第二节 战略性新兴产业的基本范围

一、战略性新兴产业的概述

战略性新兴产业是包括新能源、节能环保、新材料、信息网络、生物医药、高端制造产业和新能源汽车等七个细分行业的产业集合总称。具体来看：

（一）新能源产业

新能源产业主要是源于新能源的发现和应用。新能源指刚开始开发与利用或正在积极研究、有待推广的能源,如太阳能、地热能、风能、海洋能、生物质能和核聚变能等。因此这里的开发新能源的单位和企业所从事的工作的一系列过程,叫新能源产业。

（二）节能环保产业

在全球生态资源日益紧缺的今天,人们越来越重视生态环境,提倡节能环保。节能环保产业旨在节约能源、保护生态环境等,而相对应的产业主要涉及资源循环利用、信息服务等。国际上对节能环保产业有两种理解,一个是狭义方面,另一个则是广义方面。狭义的理解是在环境污染方面以及废物处理方面,提供相对应的产品与服务;广义的理解主要是指节能环保方面的技术。

（三）新材料产业

新材料产业是指具有传统材料所不具备的功能与性能,同时还包含其相关产品与技术设备,还涉及新材料研发背后所形成的产业以及传统材料技术研发产业等。不同于传统材料,新材料产业的优势在于不仅能够紧密贴合国际市场,而且产品具有一定的附加值,应用较为广泛,有着较好的发展前景。新材料产业一旦规模化,不仅代表着一个国家的经济实力,更是标志着一个国家的国防实力,这就是国际上很多国家大力发展新材料产业以及重视新材料产业发展的原因。

（四）信息网络产业

信息网络产业是指通过信息网络技术提供各种无线通信服务与各种软

件,其中也包含各种在线信息服务与网络媒体,但不包括计算机生产与通信设备生产,因为计算机生产与通信设备生产属于制造业,不属于信息网络产业。

(五)生物医药产业

生物医药产业由生物技术产业与医药产业共同组成。

1.生物技术产业

目前,各国、各组织对生物技术产业的定义和圈定的范围很不统一,甚至不同人的观点也常常大相径庭。有关学者将现代生物技术产业界定为:生物技术是以现代生命科学理论为基础,利用生物体及其细胞的、亚细胞的和分子的组成部分,结合工程学、信息学等手段开展研究及制造产品,或改造动物、植物、微生物等,并使其具有所期望的品质、特性,进而为社会提供商品和服务手段的综合技术体系。

2.医药产业

制药产业与生物医学工程产业是现代医药产业的两大支柱。

(1)制药产业。制药是多学科理论及先进技术的相互结合,采用科学化、现代化的模式,研究、开发、生产药品的过程。除了生物制药外,化学药和中药在制药产业中也占有一定的比例。

(2)生物医学工程产业。生物医学工程是综合应用生命科学与工程科学的原理和方法,从工程学角度在分子、细胞、组织、器官乃至整个人体系统多层次认识人体的结构、功能和其他生命现象,研究用于防病、治病、人体功能辅助及卫生保健的人工材料、制品、装置和系统技术的总称。

(六)高端制造产业

高端制造业是一个国家或地区工业化过程中的必然产物。迄今为止,学术界对高端制造业还缺乏统一的界定,更缺乏一个明确的统计分类标准。一般而言,高端制造业的概念可以从行业和产业链环节两个角度来进行界定。从行业的角度讲,高端制造业是指制造业中新出现的具有高技术含量、高附加值、强竞争力的行业;从所处产业链的环节上讲,高端制造业处于某个产业链的高端环节。

（七）新能源汽车产业

新能源汽车产业从经济学角度描述,是从事新能源汽车生产与应用的行业。新能源汽车是指汽油、柴油发动机之外所有其他能源汽车,被认为能减少空气污染和缓解能源短缺。在当今提倡全球环保的前提下,新能源汽车产业必将成为未来汽车产业发展的导向与目标。

二、战略性新兴产业的选择依据

战略性新兴产业是一国经济发展的重大战略选择,它既要对当前经济社会发展起到重要支撑作用,更要引领未来经济社会可持续发展的战略方向。战略性新兴产业选择应遵循以下六大准则:

第一,国家意志准则,即战略性新兴产业要反映一个国家的意志和战略,体现一个国家未来产业重点发展方向和可率先突破领域。

第二,市场需求准则,即战略性新兴产业要具有长期稳定而又广阔的国内外市场需求。

第三,技术自主准则,即战略性新兴产业要掌握行业的关键核心技术,具有良好的经济技术效益,否则就会受制于人。

第四,产业关联准则,即战略性新兴产业要具有很强的带动性,能够带动一批相关及配套产业。

第五,就业带动准则,即战略性新兴产业要有强大的劳动力吸纳能力,能创造大量就业机会。

第六,资源环境准则,即战略性新兴产业要具有对资源消耗低、对环境污染少的特点。

三、战略性新兴产业的选择标准

有关战略性新兴产业的选择标准国内有一些学者进行了探索,肖兴志等认为战略性新兴产业的指标体系应由三部分构成,即产业主导力、产业发展力和产业竞争力。在这三项一级指标中,产业主导力是从主导产业的选择经验中借鉴而来的,产业发展力和产业竞争力则是根据战略性新兴产业自身特点创建得到的。

(一)产业主导力

在现有的主导产业选择基准中,产业增长力(筱原基准)、产业波及效应和就业效应标准最能体现战略性新兴产业的导向性内涵,所以将之作为产业主导力项下的三个二级指标。其中,产业增长潜力标准反映新兴产业的增长潜力,仍由收入弹性基准和生产率上升基准构成;产业波及效应标准则反映战略性新兴产业的产业关联度,在构成上除包括原有的感应度系数和影响力系数外,还新增了产业空间集聚度系数,用来体现战略性新兴产业区域协调发展的程度;而就业效应标准则反映战略性新兴产业的就业带动属性,结合现阶段国情,其构成要素在原有的就业吸纳能力、就业人员素质外,还添加了就业环境要素。

(二)产业发展力

鉴于战略性新兴产业的引导性作用,可从环境效率、技术效率和风险-盈利率三方面考察其所具有的产业发展力特征。原因在于,战略性新兴产业具有可持续发展和高技术外溢的特征,肩负着引领科技创新和推动低碳经济的使命,所以其发展力应由环境效率标准和技术效率标准两项指标来刻画。其中环境效率用资源消耗率和污染排放率来体现;技术效率则用专利密度系数和技术密度系数等指标来衡量。此外,从产业的生命周期角度来看,主导产业处在产业的朝阳期,而战略性新兴产业具有"新兴产业"的特征,这就使得在构建战略性新兴产业选择标准时需要考虑到"新"产业的短期风险与长期盈利性特征。可以加入风险-盈利率指标来进一步测度产业未来的发展力,该指标由产业成长风险和产业盈利率两项子指标构成。

(三)产业竞争力

在国内和国际市场具有较强竞争力是选择战略性新兴产业的重要标准,可将之细化为自主创新力、产业需求力和出口带动力三项指标。其中,自主创新力指标的纳入是基于对战略性新兴产业研发环节的高要求。如果仅靠引进和模仿,新产业的长期发展将再次陷入核心技术空心化的尴尬局面,长期受制于人。而加入产业需求力和出口带动力指标则是出于对其市场需求状况的考虑。战略性新兴产业要想发展,必须拥有广阔的市场需求空间和前景,否则将难逃"夭折"的厄运。具体而言,产业需求力从产品被接受程度来体现其竞争力,用市场占有率和最终依赖度指标来衡量;出口带动力则集中体现战略性新兴产业的出口能力,对扭转我国出口贸易结构具有重要的积极作用。

综上所述,可以选择三个一级指标、九个二级指标和十六个三级指标来构造战略性新兴产业选择的指标体系。

第三节 我国发展战略性新兴产业的实践

培育、发展战略性新兴产业,应在注重发挥市场这只"看不见的手"配置资源的基础性作用的同时,注重发挥政府这只"看得见的手"的作用。国家应制定战略性新兴产业发展规划,引导各地区发挥比较优势、突出发展重点,形成各具特色、优势互补、结构合理的战略性新兴产业协调发展格局;地方则应根据国家总体部署,从当地实际出发,以国际化视野和战略性思维为本地战略性新兴产业发展理清思路、确定目标、明确方向,并加强宣传、认真落实、严格管理,发挥好规划的引导和调控作用。

一、强化科技创新,提升产业核心竞争力

想要发展战略性新兴产业,促进战略性新兴产业长远发展,首要任务是要增强自主创新能力,这是发展战略性新兴产业的关键。因此,需要健全以企业为主体的技术创新体系,大力支持以企业为主体的科学技术研发,充分发挥科学技术引领作用,结合当前地区发展规划,突破技术上的瓶颈,大力开发核心技术,引领科学技术前沿化发展,从而提升战略性新兴产业行业竞争力。

(一)加强产业关键核心技术和前沿技术研究

结合国家经济发展需求以及国家重点科研项目计划的实施,集中精力突破支撑战略性新兴产业发展的核心技术,力求在海洋领域、航天领域、信息领域、数字化领域等前沿技术领域进行提前部署,并加大资金投入,用于技术领域的产品研发,从而促进我国的整体科学技术水平。

(二)强化企业技术创新能力建设

加大企业科学技术的研发投资力度,着重于企业技术创新能力建设,对于

非常具有市场前景的重大科研项目,应当由政府牵头,构建由科研机构与企业共同参与的有效机制,着重于核心技术的研发与创新,并在这个基础上,建设集合各种世界先进技术的平台,通过技术平台的支持,建设一个由企业、高校、科研机构三方共同组织参与的技术创新联盟。与此同时,还要着重于加强企业集群共享技术平台建设,这有利于促进中小企业发展,从而提升中小企业市场竞争力,进而带动当地经济发展。

(三)加快落实人才强国战略和知识产权战略

建立科研机构、高校创新人才向企业流动的机制,加大高技能人才队伍建设力度。加快完善期权、技术入股、股权、分红权等多种形式的激励机制,鼓励科研机构和高校科技人员积极从事职务发明创造。加大工作力度,吸引全球优秀人才来华创业。发挥研究型大学的支撑和引领作用,加强战略性新兴产业相关专业学科建设,增加急需的专业学位类别。改革人才培养模式,制定鼓励企业参与人才培养的政策,建立企校联合培养人才的新机制,促进创新型、应用型、复合型和技能型人才的培养。支持知识产权的创造和运用,强化知识产权的保护和管理,鼓励企业建立专利联盟。完善高校和科研机构知识产权转化的利益保障和实现机制,建立高效的知识产权评估交易机制。加大对具有重大社会效益创新成果的奖励力度。

(四)实施重大产业创新发展工程

以加速产业规模化发展为目标,选择具有引领带动作用,并能够实现突破的重点方向,依托优势企业,统筹技术开发、工程化、标准制定、市场应用等环节,组织实施若干重大产业创新发展工程,推动要素整合和技术集成,努力实现重大突破。

(五)建设产业创新支撑体系

发挥知识密集型服务业支撑作用,大力发展研发服务、信息服务、创业服务、技术交易、知识产权和科技成果转化等高技术服务业,着力培育新业态。积极发展人力资源服务、投资和管理咨询等商务服务业,加快发展现代物流和环境服务业。

（六）推进重大科技成果产业化和产业集聚发展

完善科技成果产业化机制,加大实施产业化示范工程力度,积极推进重大装备应用,建立健全科研机构、高校的创新成果发布制度和技术转移机构,促进技术转移和扩散,加速科技成果转化为现实生产力。依托具有优势的产业集聚区,培育一批创新能力强、创业环境好、特色突出、集聚发展的战略性新兴产业示范基地,形成增长极,辐射并带动区域经济发展。

二、积极培育市场,营造良好的市场环境

要充分发挥市场的基础性作用,充分调动企业积极性,加强基础设施建设,积极培育市场,规范市场秩序,为各类企业健康发展创造公平、良好的环境。

（一）组织实施重大应用示范工程

坚持以应用促发展,围绕提高人民群众健康水平、缓解环境资源制约等紧迫需求,选择处于产业化初期、社会效益显著、市场机制难以有效发挥作用的重大技术和产品,统筹衔接现有试验示范工程,组织实施全民健康、绿色发展、智能制造、材料换代、信息惠民等重大应用示范工程,引导消费模式转变,培育市场,拉动产业发展。

（二）支持市场拓展和商业模式创新

鼓励绿色消费、循环消费、信息消费,创新消费模式,促进消费结构升级。扩大终端用能产品能效标识实施范围。加强新能源并网及储能、支线航空与通用航空、新能源汽车等领域的市场配套基础设施建设。在物联网、节能环保服务、新能源应用、信息服务、新能源汽车推广等领域,支持企业大力发展有利于扩大市场需求的专业服务、增值服务等新业态。积极推行合同能源管理、现代废旧商品回收利用等新型商业模式。

（三）完善标准体系和市场准入制度

加快建立有利于战略性新兴产业发展的行业标准和重要产品技术标准体系,优化市场准入的审批受理程序。进一步健全药品注册管理的体制机制,完

善药品集中采购制度，支持临床必需、疗效确切、安全性高、价格合理的创新药物优先进入医保目录。完善新能源汽车的项目和产品准入标准。改善转基因农产品的管理。完善并严格执行节能环保法规标准。

三、深化国际合作，提高国际化发展水平

要通过深化国际合作，尽快掌握关键核心技术，提升我国自主发展能力与核心竞争力。把握经济全球化的新特点，深度开展国际合作与交流，积极探索合作新模式，在更高层次上参与国际合作。

（一）大力推进国际科技合作与交流

通过构建完善的合作机制，促进国际的科技交流与合作，这有利于增强科技的创新与进步，通过各种方式大力推进国际科技合作与交流，大力支持国外科研机构在我国设立科技研发中心，对于外企与内资企业合作研发的项目或者专利要给予支持。鼓励我国研发机构或者是企业在全球范围内寻求合作商，并可以在国外与外企相互合作设立研发机构。各国的科技水平有所不同，资源优势也各不相同，各方相互合作与交流，不仅有利于使科技资源多样化，还能够很大程度上推动科技发展，使科学技术有更大的发挥空间与价值。

（二）切实提高国际投融资合作的质量和水平

大力支持国内企业境外投资，在境外通过多种方式进行融资，放开国内企业的境外投资权，简化国内企业各种审批程序，进一步推进国内企业境外投资。并通过各种政策，招商引资，大力支持外资企业在国内开发各种新型项目与产业。与此同时，国内企业应积极探索国外各项科技产业园，通过国外产业导向目录，鼓励国内企业在外建设产业园项目，为国内企业跨国投资奠定基础。

（三）大力支持企业跨国经营

简化出口信贷、保险等流程办理程序，在结合对外援助的情况下，大力支持国内新兴领域的重点产品开拓海外市场，实现企业跨国经营。与此同时，放开各种政策支持国内企业海外商标注册以及境外投资，这有助于培育国际品牌，从而打响国际知名度。

四、加大财税金融政策扶持力度，引导和鼓励社会投入

为了加快新兴产业的培育步伐，应当加大财税金融政策扶持力度，引导和鼓励社会资金投入。

(一)加大财政支持力度

将现有的政策资源与资金渠道进行整合，在这个基础上，建立专用于新兴产业的专项发展资金，以此鼓励企业新兴产业的发展，完善财政投入增长机制，以此来增加政府财政收入，重点支持新兴产业项目建设以及科研技术中心建设，大力扶持新兴产业创新发展工程以及科研项目技术研发，对于重大应用示范工程要给予大力支持。对于节能环保产品以及循环利用产品，应着力推广。

(二)完善税收激励政策

在全面落实各项技术研发成果与新兴产业的基础上，大力支持高技术产业与新兴产业创造税收，并制定完善的税收激励政策，结合税种特征以及税制改革，针对新兴产业与高技术产业的特点，引导投资来不断创造税收。

(三)鼓励金融机构加大信贷支持

当前，随着新兴产业以及高技术产业的建设，金融机构应适应战略性发展，不断推出各种新型金融产品，大力支持各大金融机构发展新型金融服务，不断创新各种短期融资券、产权质押融资等金融产品。与此同时，通过风险补偿、债权抵押等方式，促进金融机构对于新兴产业发展的支持。

(四)积极发挥多层次资本市场的融资功能

债券市场是金融市场的重要组成部分，不仅可以满足资金筹集者的资金需求，还可以很大程度实现资金流动导向功能，最重要的是，可以满足正在创业阶段企业发展的需要，因此，应大力发展金融市场，使金融市场能够充分发挥作用，并在此基础上，不断完善金融市场各种机制。积极地探索并推出各种高收益以及可转债的金融产品，开发出各种可拓宽企业债务融资的各种融资产品。

(五)大力发展创业投资和股权投资基金

应大力发展创业投资和股权投资基金,促进创新创业、优化产业结构、提高经济效益。并且加大政策支持力度,降低创业投资和股权投资基金的市场准入门槛,引导社会资本参与,鼓励银行、保险、证券等金融机构设立创业投资和股权投资基金。加强创业投资和股权投资基金的管理,提高资金使用效率,以此推动创业投资和股权投资基金的发展,并在风险可控的基础上,为中小企业以及新兴产业投资者创造投资条件。

参 考 文 献

［1］黄阳华.加强新发展阶段的产业经济学研究［N］.中国社会科学报,2023-
　　08-08(004).

［2］王嘉诚.产业链现代化的产业经济学原理探析［J］.全国流通经济,2023
　　(16):69-72.

［3］黄大恩.产业链现代化的产业经济学分析［J］.中国市场,2022(16):
　　68-70.

［4］高连奎.科学产业结构理论:关于产业发展次序以及国家"核心产业"的研
　　究［J］.产业与科技论坛,2022,21(12):15-17.

［5］胡晓.企业积累金融化与产业结构:理论与证据［J］.中央财经大学学报,
　　2020(03):118-128.

［6］郜攀峰.技术进步、产业结构升级与城市经济韧性［J］.中国流通经济,
　　2023,37(09):51-62.

［7］邓梦迪,袁培.数字经济背景下环境规制对产业结构优化的影响研究［J］.
　　统计理论与实践,2023(08):39-44.

［8］詹力豪,范馨匀.数字产业多样性、产业竞争力与区域经济韧性［J］.商业经
　　济研究,2023(16):108-111.

［9］徐瑞莲.产业关联对经济发展水平的影响——基于中国地区投入产出数据
　　的实证分析［J］.现代商业,2022(22):63-66.

［10］张皓,赵佩玉,梁维娟,等.空间集聚、产业关联与企业创新［J］.产业经济
　　研究,2022(05):28-41.

［11］潘碧灵.准确把握产业发展规律,加快推进绿色环保产业高质量发展［J］.
　　中国环保产业,2021(03):12-18.

［12］程艳.中国流通产业的制度环境与公司治理——基于产业组织理论视角
　　的分析［J］.浙江学刊,2022(04):86-93.

［13］王盛楠,姜涛,李云.产业集群创新生态系统健康成长的制约因素及优化

策略[J].上海商业,2022(10):216-218.

[14]马靖凯.试论企业产业集群与区域经济发展[J].中外企业文化,2022
    (07):43-45.

[15]戴培超,张容嘉,周源.战略性新兴产业研究热点与前沿分析[J].管理现
    代化,2023,43(04):175-185.

[16]王珏,秦文晋.中国战略性新兴产业绿色全要素生产率增长的要素源泉及
    动态演化[J].产业经济评论,2023(04):48-66.

[17]宋歌.以创新驱动战略性新兴产业发展的路径与对策研究[J].中国科技
    产业,2022(09):57-59.